编译
文库

马克思恩格斯经典细读丛书

鲍　金 主编
鲍　金 马尚明 朱玉霞　著

马克思恩格斯书信
细读

Detailed Reading of
Letters from Marx and Engels

中央编译出版社
Central Compilation & Translation Press

图书在版编目（CIP）数据

马克思恩格斯书信细读／鲍金，马尚明，朱玉霞著．—
北京：中央编译出版社，2023.9（2024.3 重印）
　　ISBN 978-7-5117-4468-5

　　Ⅰ．①马…　Ⅱ．①鲍…②马…③朱…　Ⅲ．①马恩著
作研究　Ⅳ．①A811.3

　　中国国家版本馆 CIP 数据核字（2023）第 128796 号

马克思恩格斯书信细读

责任编辑	周孟颖
责任印制	李　颖
出版发行	中央编译出版社
网　　址	www.cctpcm.com
地　　址	北京市海淀区北四环西路 69 号（100080）
电　　话	（010）55627391（总编室）　（010）55627318（编辑室）
	（010）55627320（发行部）　（010）55627377（新技术部）
经　　销	全国新华书店
印　　刷	北京文昌阁彩色印刷有限责任公司
开　　本	850 毫米×1168 毫米　1/32
字　　数	159 千字
印　　张	8.625
版　　次	2023 年 9 月第 1 版
印　　次	2024 年 3 月第 2 次印刷
定　　价	98.00 元

新浪微博：@中央编译出版社　**微　　信**：中央编译出版社（ID: cctphome）
淘宝店铺：中央编译出版社直销店（http://shop108367160.taobao.com）
　　　　　　（010）55627331

本社常年法律顾问：北京市吴栾赵阎律师事务所律师　闫军　梁勤
凡有印装质量问题，本社负责调换，电话：（010）55627320

总　序

　　无论是对于马克思主义理论研究和教学的深入推进，还是对于马克思主义理论学科专业人才的规范化培养，抑或是对于坚持马克思主义在哲学社会科学领域的指导地位，阅读马克思主义经典著作始终是一项极为重要、久久为功、持久见效的基础性工作。习近平总书记多次强调阅读马克思主义经典著作的重要性，"党的各级领导干部特别是高级干部，要原原本本学习和研读经典著作，努力把马克思主义哲学作为自己的看家本领"，① "共产党人要把读马克思主义经典、悟马克思主义原理当作一种生活习惯、当作一种精神追求，用经典涵养正气、淬炼思想、升华境界、指导实践"。②

① 习近平：《推动全党学习和掌握历史唯物主义 更好认识规律更加能动地推进工作》，载《人民日报》，2013 年 12 月 5 日。
② 习近平：《在纪念马克思诞辰 200 周年大会上的讲话》，载《人民日报》，2018 年 5 月 5 日。

对于阅读马克思主义经典著作这一问题，学界和教育界伴随着马克思主义理论研究与建设工程的实施、马克思主义理论学科建设的加强而形成越来越多的共识，从而孕育出阅读马克思主义经典著作的良好氛围。

然而，领导人的重视、宏大工程的实施和读书氛围的培育，更多地是为阅读马克思主义经典著作奠定政策支持和外部环境，接下来重要的工作是深入开展阅读马克思主义经典著作的工作。我们发现，从20世纪80年代起至今，国内已经出版上百本关于马克思主义经典著作的解读性著作，这些著作对马克思主义经典著作已经从宏观和中观层面做了比较系统的背景梳理、内容介绍、思想评析、意义阐发等工作，但是多数著作还没有深入到马克思主义经典著作的重要概念、重要语句、重要段落等层面的微观工作，而如果没有经典著作解读的微观工作，那么经典著作解读的宏观和中观工作都是不踏实、不稳固的。众所周知，马克思主义经典著作常读常新，但是读经典的困难之处不在于宏观上把握经典著作的主要内容和思想大意，而在于微观上解读出重要句段的文本原意和思想意蕴，这是最考验解读者学术功力的方面，更是对阅读者阅读经典最有价值的文本"梯子"和思想"拐杖"。马克思主义经典著作博大精深，蕴含着巨大的思想力量和广博的思维宽度，再加上众多专业化的学术术语和繁杂的背景知识，这对于快餐阅读时代成长起来的读者以及多数想要读懂马克思主义经典著作的人来说，都不啻一场相当难度的阅读挑战。人们阅读马克思主义经典著作过程中的一个常见现象是，经典著作的每一个字词都认识，但是把这些字词连成一句话之后，人们不知道马克思在说什么。这一困难是马克思主义经典著作阅读的常见困难，这就要求我们需要针对阅读者的实际困难来编选和撰写马克思主义经典著作的解读。正是出于解决读者实际困难的初衷，我们重点针对马克思和恩格斯的经典著作——马克思主义创始人的著作是马克思主义经典著作中理解最困难的——进行解读。在解读过程中，本丛书力求遵循以下两个原则：

一、坚持"文本细读"的解读方法。文本细读是指对马克思恩格斯经典著作进行深入细致的解读，突出经典著作的微观解读和思想辨析，深入挖掘、立体呈现马克思恩格斯经典著作的文本内容、思想意蕴和当代价值。具体来说，文本细读需要实现两种细：一是解读层次上的"细致"，即对经典的重要部分，如重要概念、重要语句和重要段落等进行细读。经典的重要部分不仅包括马克思恩格斯经典中高引用率的语句或段落，而且包括具有比较重要思想意蕴的语句或段落，哪怕这些部分的引用率不是很高。不难看到，马克思主义经典的多数解读性著作是在文本大意、思想主旨和整体内容上进行解读，但本丛书将解读层次从文本整体落实到文本细节，这是本丛书之所以是"细读"的依据所在。二是解读结构上的"详细"，即不仅对经典著作的文本原意进行细读，而且对其思想史和学术史的意蕴进行阐发，对其在现代社会中的效应进行辨析。马克思主义经典的很多解读性著作虽然也有思想史意蕴和现代价值的阐发，但这些内容均是大而化之，着眼于文本整体的，而本丛书的解读部分均是着眼于每一个概念、每一个语句和每一个段落，这使得本丛书的解读更加丰富、立体和多面。

二、坚持"深入浅出"的表述方式。本丛书定位于经典的解读，面向具有一般阅读水平或大学阅读水平的阅读者，而不是定位于经典的研究，不是面向具有较深和较高理解水平的经典专业研究者，这就要求本丛书在保证学理性和准确性的前提下，力争从深奥晦涩的马克思恩格斯经典原文中解读出读者一看就明白、一想就理解的通俗理论语言。为实现此目标，对每一部分的细读均在起始处以简明扼要的论断来概括经典的原意或意蕴。这一论断有两重作用：一是揭示出该经典部分的核心意旨，以便读者能够一目了然地掌握该经典部分；二是将马克思恩格斯非常精深、非常拗口的表述转化成通俗易懂的语言，以便读者能够比较快速地理解该经典部分。与很多同类著作相比，本丛书着眼于经典阅读者在实际阅读过程中出现的困难、障碍和不足之处，针对阅读者面对马克思恩格斯经典时常常出现的跳读、浅读、泛读、不求甚解地阅读等方式，力求以比较通俗的语言表达出经典中的深刻思想和丰富意蕴，从而为解决读者的实际阅读困难提供一个可以依靠、愿意依靠的解读著作。

习近平总书记指出："马克思主义经典作家眼界广阔、知识丰富，马克思主义理论体系和知识体系博大精深，涉及自然界、人类社会、人类思维各个领域，涉及历史、经济、政治、文化、社会、生态、科技、军事、党建等各个方面，不下大气力、不下苦功夫是难以掌握真谛、融会贯通的。"① 我们深知，阅读和解读马克思主义经典著作绝非一时之事，而是一生一世之大事。如果说当代社会因其各类资源的相对匮乏而难言无限的话，那么马克思主义经典著作则是可以言说"取之不尽、用之不竭"的极为有限的事物之一，而对马克思主义经典著作的解读则更是永无止境、永远在路上的一项工作。本丛书在马克思恩格斯经典著作的解读方面进行了一定的探索和创新，希望对读者有所助益、有所启迪。

是为序。

编者

2022 年 3 月 12 日

---

① 习近平：《在哲学社会科学工作座谈会上的讲话》，载《人民日报》，2016年5月17日。

目 录
CONTENTS

第一部分　导言

　　在马克思恩格斯留给世人的庞大著作和众多手稿中，有一些是相当重要、发挥着不可取代作用的文献，但相比于其他文献来说研究明显不足，这就是马克思恩格斯的书信。众所周知，在马克思恩格斯的有生之年，他们写下的多数文字都没有公开发表，而没有发表的部分并不比公开发表的部分更不重要些，例如相比于公开发表的《神圣家族》《共产党宣言》，没有公开发表的《1844 年经济学哲学手稿》《德意志意识形态》同样具有极为宝贵的思想价值，相比于出版的《资本论》第 1—3 卷，包括《1857—1858 年经济学手稿》在内的一系列未发表《资本论》手稿同样阐发了独特而精辟的理论观点。换言之，公开发表的文献既无法在思想蕴含上涵盖未公开发表的文献，也无法在历史价值上代替未公开发表的文献，如果缺少了后者，那么我们所接触的马克思主义绝不是今日马克思主义的那种形态。

而在未公开发表的文献中，马克思恩格斯的书信是具备独特的思想价值和历史价值的重要组成部分，这不仅是因为这些书信反映了马克思恩格斯对经济、政治、自然、阶级等众多问题的精辟见解，而且是因为在书信这种不同于正式出版物或手稿的对话式写作文体中，马克思恩格斯能够更加自由地、更无牵绊地阐述自己的理论观点，更加丰富地展现自己的生活状态和心理状态，这对于后人完整而准确地把握马克思恩格斯的心路历程、了解马克思恩格斯为无产阶级和人类解放事业而奋斗的实践历程和崇高精神，是有重要价值的。正是基于对马克思恩格斯书信价值的体认，我们在马克思恩格斯经典文献范围中，从作为书信选编的《马克思恩格斯文集》第10卷中（少部分来自《马克思恩格斯文集》其他卷）选取了比较有代表性，尤其是蕴含着经典性的理论论断的书信进行细读。

一、写作背景与主要内容

从总体上来看，马克思恩格斯的书信内容十分丰富，思想非常深邃，笔锋所涉及的领域不仅包括理论观点、理论建构，更包括辛辣讽刺、强烈批判；不仅包括他们对同时代人历史的论述、分析和评价，也包括他们对古往今来的人类历史的阐释、揭示和论证；不仅包括他们对人与自然、人与人、人与社会关系的理论分析，也包括他们对自己、对革命同道、对理论对手和对政府当局的深入阐发。质言之，马克思恩格斯的书信犹如一部百科全书，在其中我们既可以发现批判与建构的交融、理论智慧与实践智慧的统一，还可以发现学习与生活的重合、交往与冲突的复调，更可以发现生活真情与严峻态度的分立、理想愿景与社会现实的关联。对这种融合了众多异质因素的复杂文献体系，我们很难笼统地、大而化之地阐述一般性的历史背景与主要内容——这与我们所秉持的经典细读方式并不符合，因此我们将对所选取的马克思恩格斯书信，分别就历史背景与主要内容作有针对性的简要介绍。

《马克思致阿尔诺德·卢格》是马克思对阿尔诺德·卢格邀请自己去巴黎创办《德法年鉴》的回信。卢格是青年黑格尔派的积极分子，具有突出的资产阶级自由主义思想。他于 1838 年 1 月创办了《德国年鉴》，主张从黑格尔哲学和激进民主主义的立场出发，去讨论当时的社会政治问题。1843 年《德国年鉴》被查封后，卢格邀请马克思去巴黎一起创办《德法年鉴》。马克思在回信中表达了对卢格的支持，着重批判了当时各种共产主义学说的教条主义倾向，深刻阐发了通过批判旧世界来发现新世界的预见未来社会的方法。马克思在这封书信中实现了从纯粹的理论批判向现实的政治批判的转变，为其后思想的进一步发展奠定了基础。

　　《马克思致帕维尔·瓦西里耶维奇·安年科夫》是马克思对安年科夫 1846 年 11 月 1 日来信谈论蒲鲁东理论问题的回信。蒲鲁东在 1846 年出版的《经济矛盾的体系，或贫困的哲学》（以下简称《贫困的哲学》）获得了比较大的关注，其中俄国人安年科夫在巴黎看了《贫困的哲学》之后，向马克思寻求对这本书的看法，并在信中附带说了这样一句话："我等待着您的严厉的批评。"马克思直到 1846 年 12 月底才看到《贫困的哲学》一书，之后马克思就给安年科夫写了这封回信。在回信中，马克思严厉批判了蒲鲁东的哲学、经济学和社会主义观等方面的错误观点，着重阐述了生产力、生产关系与经济范畴的客观性，阐述了生产关系一定要适合生产力发展、上层建筑一定要适合经济基础等历史唯物主义基本原理。在这封回信的基础上，马克思写作和出版了自己的著作《哲学的贫困》。因此可以说，马克思致安年科夫的回信是《哲学的贫困》观点形成的雏形与思想逐渐定型的实验室。

　　《马克思致约瑟夫·魏德迈》是马克思阅读魏德迈 1852 年 1 月寄来的系列文章后写的回信。1848 年革命失败后，以卡尔·海因岑为代表的反马克思主义者否认阶级和阶级斗争，攻击无产阶级专政学说。魏德迈对此进行了及时的反击，并且在 1852 年 1 月发表了包括《论无产阶级专政》在内的系列文章驳斥海因岑的观点，并将这些文章寄给了马克思。马克思看到这些文章后就给魏德迈写了这封回信。

在回信中，马克思大力赞赏魏德迈对海因岑的反击，称赞其"驳斥海因岑的文章写得很好""文章写得既泼辣又细腻"，还为魏德迈提供了许多论战材料。与此同时，马克思阐明了自己关于阶级斗争和无产阶级专政的重要观点，这些观点是对《共产党宣言》的阶级斗争学说和无产阶级专政学说的丰富与发展。

《马克思致路德维希·库格曼》是马克思于 1868 年 3 月 6 日给第一国际的成员路德维希·库格曼的回信。库格曼自称为马克思主义学说的虔诚信奉者，经常以书信的形式告知马克思德国的情况。马克思也时常与之通信，分析和交流《资本论》的写作及出版情况，并征求他的相关意见。1867 年《资本论》第一卷出版以后，德国哲学家杜林对《资本论》进行了猛烈攻击，通过反对黑格尔的辩证法，来彻底否定马克思的《资本论》。马克思在回信中尖锐批判了杜林对《资本论》的无理指责，阐述了辩证法的唯物主义立场以及与黑格尔唯心主义辩证法的根本差异。马克思通过这封信明确了唯物辩证法对黑格尔辩证法的批判和超越，进一步阐述了《资本论》的研究方法。

《马克思致约瑟夫·狄慈根》是马克思于 1868 年 5 月 9 日给德国和国际工人运动家约瑟夫·狄慈根的回信。狄慈根是马克思主义的坚定支持者和积极宣传者，对辩证唯物主义的研究颇有造诣，被马克思誉为"最有天才的工人之一"和"我们的哲学家"。狄慈根主要是通过自学的方式发现了唯物主义辩证法，并在马克思、恩格斯的帮助下，进一步丰富和发展了辩证唯物主义原理。马克思在回信中表达了自己写作《辩证法》的强烈愿望，主张在吸取黑格尔辩证法"合理内核"的基础上，对黑格尔辩证法的神秘形式进行批判和改造。马克思通过这封信阐明了黑格尔辩证法是唯物辩证法的理论来源，也是进行辩证法研究的重要参考。

《马克思致路德维希·库格曼》是对以巴师夏为代表的庸俗经济学家公开对《资本论》进行攻击的回应。1867 年《资本论》第一卷出版后，以巴师夏为代表的庸俗经济学家公开对《资本论》进行攻击，并指责马克思在《资本论》中没有论证价值的概念。面对庸俗经济学家对《资本论》的攻击，马克思既写下了《我对弗·巴师夏的剽窃》一文，也在给库格曼的回信中进行了反驳。在这封信中，马克思阐述了劳动在人类社会发展过程中的重要作用，论述了按照一定比例分配社会总劳动量的规律，指出任何社会的物质生产活动都必须遵循这一客观规律。列宁针对这封信的重要价值，建议凡是研究马克思和《资本论》的读者，都应当在钻研《资本论》最难懂的开始几章时反复地阅读这封信。

《给〈祖国纪事〉杂志编辑部的信》是马克思于 1877 年底读到《祖国纪事》杂志登载的俄国民粹主义思想家尼·康·米海洛夫斯基的文章后给《祖国纪事》杂志写的

信。尤·茹科夫斯基的《卡尔·马克思和他的〈资本论〉一书》挑起了 1877—1879 年间俄国报刊围绕马克思的《资本论》第一卷而展开的论战。在这期间，出现了系列争论文章，其中包括米海洛夫斯基在《祖国纪事》杂志发表的《卡尔·马克思在尤·茹科夫斯基先生的法庭上》一文。这篇文章对《资本论》作了错误的解释，并且歪曲了马克思在俄国社会发展道路问题上的观点。马克思通过这封信批判了米海洛夫斯基把他在《资本论》中关于西欧资本主义起源的历史概述变成一般发展道路的历史哲学理论，指出只有对不同历史环境中的历史现象分别进行深入细致的研究，然后再把它们加以比较，才能找到理解这种现象的钥匙，同时强调了俄国不能走西欧式的资本主义道路，否则它会失去当时历史提供给它的最好机会，会遭受资本主义制度所带来的一切灾难性波折。可以说，这封信是马克思论述俄国社会发展道路和人类社会发展道路的重要著作。

《恩格斯致卡尔·考茨基》是恩格斯对德国历史学家和政论家、社会民主党人考茨基来信的回信。考茨基在 1880 年发表了《人口增殖对社会进步的影响》一书，并于 1880 年 12 月 4 日写信请恩格斯就此书提出批评意见。恩格斯在回信中指出了此书部分内容的不合理之处，并就可能发生的人口过剩及其消除方式发表了看法。在恩格斯看来，当前不会出现人口过剩的问题，如果在将来某个时候不得不对人的生产进行调节，那么只有共产主义社会才能无困难地做到。恩格斯通过这封信表达了对人的生产及其调节相关问题的独到见解。

《马克思给维·伊·查苏利奇的复信》是马克思对俄国社会主义者查苏利奇 1881 年 2 月 16 日来信所写的草稿信件和正式回信。关于俄国农村公社命运和俄国社会未来发展前景问题，俄国知识分子展开了大讨论。民粹派鼓吹俄国可以无条件地借助农村公社直接过渡到社会主义，自由派认为随着俄国资本主义的进一步发展，农村公社会逐步走向解体，应该摧毁农村公社，以便过渡到资本主义。在此情况下，查苏利奇写信请求马克思对俄国社会未来发展前景，特别是对俄国农村公社的命运发表见解。马克思根据查苏利奇的请求，综合他所研究的俄国农村公社的资料，拟了四份草稿信件，并于 1881 年 3 月 8 日给查苏利奇写了正式回信。在这些信件中，马克思对俄国农村公社进行了分析，指出俄国农村公社能够成为俄国社会新生的支点，可以不通过资本主义制度的卡夫丁峡谷，而吸取资本主义制度所取得的一切成果，从而进入社会主义社会。这封书信是一个内容极其丰富的关于俄国农村公社、农业生产的集体形式的综合性概述，是马克思对俄国农村公社命运问题和俄国社会未来发展前景的思考成果。

《恩格斯致菲利普·范派顿》是恩格斯对美国社会主义政治活动家菲利普·范派顿来信的回信。1883 年 4 月 2 日，菲利普·范派顿给恩格斯写了一封信，信中提到在美国不久前举行的纪念马克思的活动中，莫斯特同马克思交往密切，曾在德国协助开展《资本论》的普及工作。恩格斯在回信中批判了无政府主义者关于无产阶级革命从废除国家开始的错误观点，阐述了无产阶级专政政权的本质和历史方位、无产阶级革命的最终命运以及无产阶级掌握国家政权的必要性。恩格斯通过这封书信所表达的国家观是对《共产党宣言》《马克思致约瑟夫·魏德迈》的阶级斗争观点和无产阶级专政学说的发展，是对马克思主义国家学说的进一步丰富。

《恩格斯致保尔·恩斯特》是恩格斯对恩斯特1890年5月31日来信确认巴尔特对其批评是否正确的回信。恩斯特在《现代生活自由论坛》杂志发表了一篇关于斯堪的那维亚妇女运动的文章，这篇文章受到了巴尔特的责备，认为其错误地使用了马克思的方法。对此，恩斯特写信向恩格斯确认自己的观点是否符合马克思的观点。恩格斯在回信中赞同了巴尔特对恩斯特的责备，并指出了恩斯特的错误之处，就是恩斯特不是把唯物主义当作研究历史的指南，而是把唯物主义当作剪裁历史事实的公式，因此恩斯特在妇女问题的看法上错误地使用了唯物主义方法。在这封信中，恩格斯运用唯物主义方法来看待妇女问题，是对唯物主义方法的进一步深化。

《恩格斯致奥托·冯·伯尼克》是恩格斯对伯尼克1890年8月16日来信请教问题的回信。伯尼克为了准备关于社会主义的讲演，写信向恩格斯请教问题，即在目前社会各阶级的教育、认识水平等方面存在差别的情况下，社会主义改造是否适宜和可能。恩格斯在 1890 年 8 月 21 日对伯尼克的来信进行了回信。在回信中，恩格斯强调社会主义社会不是一成不变的，而是和任何其它社会形态一样是经常变化和改革的，并指出在当前的条件下进行社会主义改造是有可能的，这种可能性就在于社会主义在群众中具备足够的拥护者。恩格斯通过这封信阐释了社会主义社会的发展问题，揭示了社会主义改造所满足的条件，进一步丰富了马克思主义的社会主义学说。

《恩格斯致保尔·拉法格》是恩格斯与拉法格日常通信中的一封回信。19 世纪 80 年代末 90 年代初，德国的"青年派"自称是马克思主义者，是马克思的学生。而在马克思看来，这些自称是马克思主义者的观点与他的观点完全不同，究其实质就是一些教条主义者和宗派主义者。在这种意义上，马克思曾明确对拉法格说"我只知道我自己不是马克思主义者"，恩格斯也多次引用马克思"我只知道我自己不是马克思主义者"的言论来反驳那些自称为马克思主义者的人，来批判那些自称为马克思主义的观点。在这封回信中，恩格斯重申了马克思的观点，通过引用马克思"我只知道我自己不是马克思主义者"的说法，来提醒那些想要跟随马克思主义的人对待马克思主义的错误方式，以此告诫人们要去认真思考究竟什么是马克思主义、怎样对待马克思主义。

《恩格斯致约瑟夫·布洛赫》是恩格斯于 1890 年 9 月
21—22 日回应约瑟夫·布洛赫的提问的回信。布洛赫作为
德国柏林大学的青年学生，在 1890 年 9 月 3 日写信求教恩
格斯关于推动历史发展的动力是什么的问题。恩格斯在回
信中肯定了经济因素归根结底是历史发展的决定因素，但
上层建筑诸要素也会对历史发展产生影响。同时，恩格斯
在强调经济基础和上层建筑相互作用的基础上，指出了历
史发展是无数人的历史合力发挥作用的结果。恩格斯通过
这封信所阐发的历史合力论思想，揭示了历史发展规律和
人的主观能动性的辩证关系，充分彰显了人在历史发展中
的主体作用，丰富和发展了历史唯物主义理论。

《恩格斯致康拉德·施米特》是恩格斯于 1890 年 10 月
27 日给德国社会民主党人康拉德·施米特的去信。康拉德
当时作为一名青年经济学家，对马克思经济理论的研究取
得了较高的成就，得到了恩格斯的赞誉。与此同时，资产
阶级思想家和德国社会民主党"青年派"却在极力歪曲历
史唯物主义，在党内造成了一定的思想混乱。恩格斯在回
信中深入阐述了历史唯物主义的基本原理，肯定了经济基
础对上层建筑的决定作用，着重强调了政治、法律等上层
建筑对经济基础的反作用。恩格斯通过这封信阐明了经济
基础与上层建筑的辩证关系，驳斥了经济决定论者对唯物
史观的误读和歪曲，从而进一步捍卫了历史唯物主义。

　　《恩格斯致康拉德·施米特》是恩格斯于 1891 年 11 月 1 日给康拉德·施米特来信的回信。1891 年 10 月 25 日，康拉德·施米特给恩格斯写了一封信，表达了自己准备写作《卡尔·马克思，他的学说及对科学的态度》一文，希望得到恩格斯的建议和指导。恩格斯在回信中希望康拉德认真研读和消化黑格尔的著作，领悟其中丰富的辩证法思想，并在此基础上注意把握黑格尔唯心主义辩证法的消极层面，真正理解唯物辩证法的丰富内涵。恩格斯在这封信中所阐发的辩证法思想继承了马克思对黑格尔辩证法的批判逻辑，在坚守唯物主义立场的基础上，实现了主观辩证法与客观辩证法的统一。

　　《恩格斯致弗兰茨·梅林》是恩格斯于 1893 年 7 月 14 日收到弗兰茨·梅林寄来的《莱辛传奇》一书后写的回信。弗兰茨·梅林是德国和国际工人运动的著名活动家和理论家，于 19 世纪 70 年代后期接受了马克思主义，与马克思、恩格斯保持着长期的通信联系。梅林为了反对资产阶级和机会主义者对马克思主义的攻击，写作了《莱辛传奇》一书，系统阐述了马克思主义的唯物史观，得到了恩格斯的高度肯定。恩格斯在回信中重申了马克思对历史唯物主义的巨大贡献，批判了保尔·巴尔特等人对唯物史观的误读和曲解，深入阐述了上层建筑中意识形态的相对独立性，进而明确了上层建筑对经济基础的反作用。恩格斯在这封信中强调上层建筑的相对独立性及其反作用，深化和发展了历史唯物主义的基本原理。

《恩格斯致瓦尔特·博尔吉乌斯》是恩格斯对博尔吉乌斯1894年1月19日来信请教历史唯物主义相关问题的回信。巴尔特在1890年出版的《黑格尔和包括马克思及哈特曼在内的黑格尔派的历史哲学》中把历史唯物主义歪曲为"经济唯物主义",这在德国大学生中造成了思想混乱。当时还就读于德国海德堡大学的博尔吉乌斯就"经济关系"究竟指的是什么,"经济关系"是否是制约其他关系的关系等问题向恩格斯请教。恩格斯在回信中指明了作为历史发展的决定性因素的经济关系及其基本内涵,阐释了科学与技术的关系,以及科学技术对社会历史发展的推动作用,论述了经济基础的决定作用和上层建筑对经济基础的反作用,论证了历史发展是必然性与偶然性的统一。

《恩格斯致韦尔纳·桑巴特》是恩格斯对桑巴特1895年2月14日来信的回信。桑巴特写了《卡尔·马克思经济学体系批判》一文,并将其同信件一起寄给了恩格斯。在这封回信中,恩格斯主要针对桑巴特对马克思观点的表述发表了自己的看法,强调"马克思的整个世界观不是教义,而是方法",坚决反对将马克思主义教条化,由此捍卫和发展了马克思主义的方法论意义。

二、马克思恩格斯
书信的四种话语

马克思恩格斯书信是马克思恩格斯除了论著、手稿之外的大量且重要的文献资料，是我们研究马克思恩格斯的思想演变过程、观点成熟过程、理论斗争过程和政治指导过程的必要文献支撑，更是我们感悟和体会马克思恩格斯的崇高理想目标、不懈奋斗精神和革命乐观主义的不可多得的文献资料。对于马克思恩格斯书信，列宁做出了极高的评价，指出对马克思恩格斯书信"要多加研究，因为这是一项重要的国际事业"。[①] "应该向无产者的这位理论家和领袖学习对革命的信心，学习号召工人阶级把自己的直接的革命任务坚持到底的本领，学习那种决不因革命暂时失利而灰心丧气的坚韧不拔的精神"。[②] 与马克思恩格斯的其他文献一样，这些书信是马克思主义经典文献的重要组成部分，是马克思主义理论的思想宝库。从整体上来看，这一思想宝库是由四种性质不同、论述侧重点各有差异的话语构成的文本体系，这四种话语分别是：

首先是马克思恩格斯书信的理论性话语。理论性话语

---

① 《列宁全集》第 52 卷，北京：人民出版社 1988 年版，第 397 页。
② 《列宁专题文集 论马克思主义》，北京：人民出版社 2009 年版，第 107 页。

是指书信中那些直接阐述某种理论问题、表明自己理论观点的表述。毫无疑问，理论性话语是马克思恩格斯书信中最有思想价值和历史价值、能够奠定书信在整个马克思主义经典文献之地位的决定性因素。马克思恩格斯作为长年研究资本主义社会和人类社会的思想家，自然会在他们的相互书信以及给他人的书信中表明对众多理论问题和现实问题的看法和观点，从而就留下了他们在政治、经济、哲学、历史、军事、民族、科技、阶级等领域的阐述和见解。这些理论性话语或是独立地阐述了马克思主义理论中的某些重要理论观点，如恩格斯晚年关于历史唯物主义的书信系统地阐发了上层建筑对于经济基础的重要作用和上层建筑存在与发展的客观规律，马克思致魏德迈的书信阐发了阶级存在的客观条件、无产阶级专政的必然性及其历史使命，这些方面都是马克思主义经典文献其他部分没有阐述或阐述不多的，或是先行地阐发了即将在正式论著或公开出版文献才阐述的理论观点，如马克思致安年科夫的书信系统地批判了蒲鲁东在哲学、经济学和社会主义观点上的唯心史观，并且阐发了将要在《哲学的贫困》一书中系统阐发的历史唯物主义基本原理。正如列宁所言："马克思在通信中对他自己的私事谈得很多，这是理所当然的。对于写传记的人来说，这些材料都是异常宝贵的。但是对于广大读者，特别是对于俄国工人阶级来说，这些书信内包含着理论和政治材料的那些地方，却更加重要得多。"① 在马克思恩格斯所有书信中，理论性话语是我们选取书信的首要考虑因素，也是我们面对书信时的重点解读对象。

其次是马克思恩格斯书信的生活性话语。生活性话语是指书信中那些讨论马克思恩格斯日常生活、衣食住行、经济来源等内容的部分。与其他书信相似的是，马克思恩格斯书信充满着他们对相互之间和与他人之间的生活往来的内容，这是书信这种写作形式自然具备的内容。我们知道，马克思一生颠沛流离，居无定所，终其一生没有一份能够提供稳定经济来源的正式工作，除了不定期地通过为报纸撰稿而获得少量的写作报酬之外，马克思一家的大部分经济来源是由恩格斯无偿提供的。而恩格斯作为与马克思并肩战斗的亲密战友，为了帮助马克思一家不至于陷入经济困境，只能从事自己极为厌恶的商业活动，从而为马克思一家挣得一份长期的经济来源。上述这些表现在书信中，自然就构成了马克思恩格斯之间相互帮助、相互鼓励、真情流露的全面展现。例如，马克思在给恩格斯的书信中向恩格斯表达谢意和歉意："我希望，并且坚信，再过一年我会成为一个不愁吃穿的人，能够根本改善我的经济状况，并且终于又能站稳脚跟。没有你，我永远不能完成这部著作。坦白地向你说，我的良心经常像被梦魇压着一样感到

① 《列宁专题文集 论马克思主义》，北京：人民出版社 2009 年版，第 103 页。

沉重，因为你主要是为了我才把你的卓越才能浪费在经商上面，使之荒废，而且还要分担我的一切琐碎的苦恼。"①在《资本论》第1卷写完之后，马克思立即给恩格斯写信："序言也已校完并于昨日寄回。这样，这一卷就完成了。其所以能够如此，我只有感谢你！没有你为我作的牺牲，我是决不可能完成这三卷书的巨大工作的。我满怀感激的心情拥抱你！"② 马克思与恩格斯的非同寻常的友谊关系跃然纸上，正如列宁所评价的那样："古老传说中有各种非常动人的友谊故事。欧洲无产阶级可以说，它的科学是由这两位学者和战士创造的，他们的关系超过了古人关于人类友谊的一切最动人的传说。"③

　　再次是马克思恩格斯书信的政治性话语。政治性话语是指马克思恩格斯作为科学社会主义的创始人、无产阶级解放事业的革命导师，对各个历史时期革命实践活动、各个国家追求自己民族解放和对国际共产主义运动史进行指导的话语。马克思恩格斯除了思想家、学者的身份之外，另外重要的身份便是革命家，他们一生中参与、领导、指导以及总结、概括、评论各种无产阶级组织、无产阶级斗争乃至于一般的民族国家解放事业的信件异常之多。恩格

---

① 《马克思恩格斯文集》第10卷，北京：人民出版社2009年版，第256页。
② 《马克思恩格斯全集》第31卷，北京：人民出版社1972年版，第328—329页。
③ 《列宁专题文集 论马克思主义》，北京：人民出版社2009年版，第58页。

斯对马克思一生的评价便是："马克思首先是一个革命家。他毕生的真正使命，就是以这种或那种方式参加推翻资本主义社会及其所建立的国家设施的事业，参加现代无产阶级的解放事业。"① "很少有人像他那样满腔热情、坚韧不拔和卓有成效地进行斗争。最早的《莱茵报》（1842 年），巴黎的《前进报》（1844 年），《德意志—布鲁塞尔报》（1847 年），《新莱茵报》（1848—1849 年），《纽约每日论坛报》（1852—1861 年），以及许多富有战斗性的小册子，在巴黎、布鲁塞尔和伦敦各组织中的工作，最后，作为全部活动的顶峰，创立伟大的国际工人协会，——老实说，协会的这位创始人即使没有别的什么建树，单凭这一成果也可以自豪。"② 除了亲身参与的活动和组织之外，马克思恩格斯参与各种活动和组织的主要形式便是和各国无产阶级政党领导人、革命者的通信。在本书中，我们所选取的书信基本就是这类书信。在这类书信中，马克思恩格斯不仅表达了他们重要的理论观点，而且表达了他们关于具体实践活动的理论指导和行动指南，这些部分是我们研究国际共产主义运动史、马克思主义发展史的重要文献资料。

最后是马克思恩格斯书信的交往性话语。交往性话语

---

① 《马克思恩格斯文集》第 3 卷，北京：人民出版社 2009 年版，第 602 页。
② 《马克思恩格斯文集》第 3 卷，北京：人民出版社 2009 年版，第 602 页。

是指马克思恩格斯对围绕在他们身边以及与不同层次、远近不一的人物进行的通信。学者王东对马克思所交往的人际关系的圈层做过如下概括，不妨拿来作为参考：马克思在劳动实践活动、社会交往活动基础上，展开了大量的书信往来活动，这是他建立、保持和发展社会关系的一条重要途径，按照由近及远、由小及大，马克思的关系圈大致分为亲密关系圈、朋友关系圈、同志关系圈、同事关系圈、复杂关系圈、敌对关系圈六重关系圈。透过书信来看，马克思的亲密关系圈是由与他关系最亲密、最亲近的人组成，包括燕妮·马克思、马克思的三个女儿、长年和他们一起生活的海伦·德穆特、与他结下伟大友谊的恩格斯；朋友关系圈是由基于共同理想的同志关系、基于互相帮助的私人友谊关系以及基于在某种人生际遇中比较特殊的私人友谊关系而认识的人组成，如马克思在《资本论》第 1 卷扉页上所献辞的威廉·沃尔弗、自学成才的德国工人哲学家狄慈根等；同志关系圈是具有共同社会理想和政治立场、以书信往来为中介而结成的人际关系圈，如 19 世纪四五十年代以共产主义者同盟为中介的关系圈、六七十年代以第一国际同志为主体的关系圈等；同事关系圈是指马克思为了完成事业而广泛结交的社会关系网络，如为出版《德法年鉴》，青年马克思与一批人建立了通信联系和同事关系等；复杂关系圈是马克思生活世界中那种曲折多变、特别复杂的人际关系，如马克思与赫斯既是思想论敌，又是合作者，但直到晚年仍与之保持着私人朋友关系；敌对关系圈是由马克思的一些论敌、资本主义世界代表人物构成的关系圈，如马克思同"真正社会主义"者的论战、同福格特的论战、同杜林的论战等，这些论战经常以书信的方式体现出来。马克思通过书信方式与上述关系圈或是保持密切的思想与情感交流，或是进行重要的指导与领导，或是展开针锋相对的讽刺与批判。通过这些书信及其所展露出来的交往性话语，我们不仅能够感受马克思恩格斯的阶级情感和人类立场，而且能够感受马克思恩格斯在公开发表论著中从未显示出来的私人感情和喜怒哀乐，如他们对爱情的眷恋、对亲人的挂念、对战友的愧疚、对论敌的严峻，正如列宁评价马克思书信中的评论那样："书信中另外一些在理论上特别有意思的地方，就是马克思对于各个作家的评论。马克思的这些评论写得非常生动，充满热情，可以看到他对一切重大思潮都全神贯注地进行考察分析。当你读到这些评论的时候，就会觉得自己好像是在亲自聆听这位天才思想家讲话一样。"① 阅读和体悟这些书信及其交往性话语，是我们今天学习马克思主义经典文本的重要方面。

---

① 《列宁专题文集 论马克思主义》，北京：人民出版社 2009 年版，第104—105 页。

三、马克思恩格斯书信
细读的三个特征

马克思恩格斯的书信内容非常丰富，不同性质的话语经常重合，这给后世学者的书信解读造成了一定困难。但是，本书对马克思恩格斯书信的细读既不是对书信内容的整体性、大而化之的解读，即不是对每封书信的写作背景、核心观点、历史意义和当代价值作面面俱到又点到为止的解读，也不是对书信内容的每一句话、每一段话进行过分琐细的解读，而是在马克思恩格斯全部书信中选取具有重要思想价值、表达出重要理论观点的书信，并在这些选取出来的书信中再次选取能够表达出经典性的理论观点的句子或段落进行细致解读。这样一种文本细读，具有如下三方面的特征：

一是马克思恩格斯书信细读要注重理论论断和理论阐述的有机统一。书信细读不应当采取对经典著作的泛化式、整体式解读，后者已经由当代学者的众多论著所充实，这不是本书着力的地方。本书的着力点在于对具有重要思想价值和理论观点的句子和段落进行抽丝剥茧式的细致解读。为了帮助读者更方便地把握马克思恩格斯的核心观点，我们在对每个句子或每个段落进行解读时，首先对解读的书信原文进行理论论断的概括，即用比较简明扼要的语言表述出每个句子或每个段落所表达的观点，让读者在读完原文后立即抓住书信最核心的关键部分。在此基础上，我们再以比较多的篇幅去系统阐述书信原文所蕴含的理论论证、理论判断以及理论与现实发生关联的各个层面。比较而言，理论论断是简要的、指涉核心的，理论阐述是丰富的、系统展开的，理论论断是对书信的提纲挈领式的点题，理论阐述是对书信的多重维度的展现。我们认为，理论论断和理论阐述的统一是书信细读的具体展开，能够为读者提供详略得当、重点突出、细致具体的文本解读，这对于读者夯实经典文本功底、准确把握文本原意是非常必要的。

二是马克思恩格斯书信细读要注重文本原意和文本意蕴的多重阐发。马克思主义经典文本是历久弥新、常读常新的，包括书信在内的每一个经典文本虽然有形成的具体时间，但是一旦形成，便会成为马克思主义发展史乃至人类思想史中无法绕过的永恒作品。然而，当任何一个人面对马克思主义经典文本时，会突出地感受到概念的联系性、术语的专业性和思想的深刻性，它们体大思精、思想深邃，这对每一个力图不仅去读，而且要读懂经典文本的人提出了阅读和智力上的巨大挑战。马克思曾说："要把我们的观点用目前水平的工人运动所能接受的形式表达出来，那是很困难的事情。"① 当人们阅读马克思恩格斯书信时，首先面对的是由文字术语构成的语言世界，因此第一步的工作便是读懂构成书信的众多语言文字的涵义，即读懂马克思恩格斯究竟在说什么。然而经典阅读过程中的一个常见现象便是经典文本的每一个词语都认识，但是把这些词语连成一句话之后，人们不知道马克思在说什么。这一困难是经典阅读的常见困难，它要求人们透过文字术语的文本原意掌握经典文本的深层意蕴。具体来说，书信细读既要采取"由点及面"的阅读，即把握住书信在思想史关系中的多方面关联，力求呈现出经典与经典、经典与思想、经典与理论的多维面向，这是从经典内部的视角来解读书信，又要采取"由面及点"的阅读，即从原理与原理的联系、从理论整体性的角度来阅读书信，把经典文本在读厚的基础上读薄，这是从经典外部的视角来解读书信。只有如此，经典细读才能真正进入马克思恩格斯书信的历史情境和思想语境中。

三是马克思恩格斯书信细读要注重学科价值和思维价值的有效提升。在马克思主义理论成为一级学科之后，马克思主义经典文本作为马克思主义理论学科专业经典的身份得到极大确认，因此马克思主义经典文本解读使得人们收获了作为马克思主义理论学科的专业知识，包括这一学

---

① 《马克思恩格斯文集》第 10 卷，北京：人民出版社 2009 年版，第 216 页。

科的知识基础、专业积淀、经典支撑乃至于学科的生长点，这是包括书信在内的马克思主义经典文本解读给予马克思主义理论学科发展的重要推动力。不过，学科存在的目的不仅仅是学科自身的发展，更重要的是要解决人类实践生活中产生的重大理论和现实问题，以马克思的话来说，马克思主义理论学科的存在是为"改变世界"的实践活动提供行动指南和精神武器，这一点体现于经典解读过程的要求便是通过细读经典来培养和锻炼人们的理论思维能力。理论思维能力是一种从本质维度和根本维度来把握事物的思维方法，"理论只要说服人，就能掌握群众；而理论只要彻底，就能说服人。所谓彻底，就是抓住事物的根本。"①具备了理论思维能力，就能够透过事物的现象抓住事物的本质，透过事物的细枝末节掌握事物的整体本质。"一个民族要想站在科学的最高峰，就一刻也不能没有理论思维。"②因此，培养理论思维能力是马克思主义理论学科的重要目标和特征。而对于培养理论思维能力这一学科目标来说，阅读马克思主义经典文本是发挥着奠基意义的大道正途。理论思维"这种才能需要发展和培养，而为了进行这种培养，除了学习以往的哲学，直到现在还没有别的办法。"③经典文本蕴含着马克思恩格斯原生态意义的问题意识、逻

---

① 《马克思恩格斯文集》第 1 卷，北京：人民出版社 2009 年版，第 11 页。
② 《马克思恩格斯文集》第 9 卷，北京：人民出版社 2009 年版，第 437 页。
③ 《马克思恩格斯文集》第 9 卷，北京：人民出版社 2009 年版，第 436 页。

辑论证、思想观点，要学到马克思恩格斯的思维真谛和理论精华，最重要、最直接的途径便是阅读他们的包括书信在内的经典文本。阅读一般文本虽然容易和迅速，但这是在普通思维层面上作中低层次的反复，阅读经典文本虽然困难和缓慢，但是每阅读一次，都是在理论思维能力层面垂直向上爬一级台阶，长此以往的经典文本阅读必然带来理论思维能力的长足进步，这是阅读其他文本无法代替的。就此而言，以经典文本为依据反复阅读并且读懂读透经典文本，这是提升人们的理论思维能力的最佳方式，更是掌握马克思主义这一看家本领的必要途径。

第二部分　文本细读

马克思致阿尔诺德·卢格

1843 年 9 月于克罗伊茨纳赫

新思潮的优点又恰恰在于我们不想教条地预期未来，而只是想通过批判旧世界发现新世界。

【论断】新哲学的优点是通过批判旧世界来发现新世界，而不是像传统形而上学那样从头脑的空想中来预想未来。

马克思通过比较新旧哲学预见未来的方法，来展现"新哲学"的优势所在。考察哲学的演进历史便可发现，哲学家们不仅着眼于"从何处来"的本原性问题，还对"往何处去"的问题进行了重点探讨。传统哲学主要采用形而上学的方法去预测未来，从头脑中、理论上完成对未来社会的构造。"在理论上把现实中随时都要遇到的矛盾撇开不管并不困难。那样一来，这种理论就会变成理想化的现实。"① 此种预测未来的方法，漠视了现实社会的矛盾和问题，将"理想化的现实"作为未来社会的理想图景。可见，传统哲学作为一种纯粹书斋里的哲学，超脱于现实世界，从而忽视了理论研究的现实基础。传统哲学"预测未来"的方式，只不过是抽象的、片面的思维活动，缺乏历史逻辑和现实根基，无法真正把握社会历史的发展趋势。因此，马克思认为哲学的任务不再是抽象地构想未来，使其与人类的美好愿望相符合，而是要通过批判现实世界去预见未来社会的发展趋势。因为任何预测未来的方法，都要源于现实世界的触动和诱发，要对现实问题进行回应和解答。所以，马克思立足于"批判旧世界"的过程去预见未来社会的发展趋势。"批判旧世界"就是对现存世界进行细致分析和深刻反思，并对不合理因素进行批判和涤除，进而推动现存世界的发展，而"新世界"正是在"批判旧世界"的过程中不断揭示和发现的。在马克思那里，"新世界"与"旧世界"不再是抽象对立的，而是在现实层面上实现了有机连接，即在批判和变革"旧世界"的过程中阐发"新世界"的原则。

---

① 《马克思恩格斯文集》第 1 卷，北京：人民出版社 2009 年版，第 616 页。

　　马克思"通过批判旧世界发现新世界"的哲学方法，集中体现于对资本主义社会的深入剖析。资本主义社会并非资产阶级所允诺的自由王国，而是充斥着占社会成员绝大多数的无产阶级遭受剥削和压迫的悲惨现状。然而，马克思并未简单地将资本主义社会的反面作为未来理想社会，而是在分析资本主义社会基本矛盾的基础上，揭示了资产阶级必然灭亡、无产阶级必然胜利的历史趋势。"代替那存在着阶级和阶级对立的资产阶级旧社会的，将是这样一个联合体，在那里，每个人的自由发展是一切人的自由发展的条件。"① 可见在马克思那里，未来社会与资本主义社会不是完全割裂的，而是在资本主义社会的胎胞里成长起来的，是对资本主义旧社会的超越。马克思进一步指出，共产主义不是"应当确立的状况"或"现实应当与之相适应的理想"，而是"消灭现存状况的现实的运动"。② 共产主义的实现是由当前的实践活动决定的，而"批判旧世界"则是推动实践活动发展的重要动力。

　　要对现存的一切进行无情的批判，所谓无情，就是说，这种批判既不怕自己所作的结论，也不怕同现有各种势力发生冲突。

---

① 《马克思恩格斯文集》第 2 卷，北京：人民出版社 2009 年版，第 53 页。
② 《马克思恩格斯文集》第 1 卷，北京：人民出版社 2009 年版，第 539 页。

【论断】　彻底的批判精神既表现为严格的自我批判，也表现为客观的政治批判。

此段话是马克思对批判精神的集中阐释。批判是马克思主义的基本精神，也是认识世界、改造世界的重要方法。批判最早可以追溯到苏格拉底，主要是在论辩的过程中，通过诘问的方式使人意识到自身的无知，并在充分反思的基础上获取新知识。因此，苏格拉底被誉为知识的"助产士"，从而奠定了批判的基本形式，这对后世批判方法的运用和发展具有重要影响。现代意义的批判与启蒙运动相伴而生，启蒙运动主要是号召人"要有勇气运用自己的理智"，① 批判则是强调人要运用自身的理智去独立思考和判断。在此，理性成为了现代批判的前提和基础。批判作为一种认识工具和手段，在康德那里得到了广泛运用，康德的《纯粹理性批判》《实践理性批判》和《判断力批判》正是现代批判的典型代表。"我们的时代是真正的批判时代，一切都必须经受批判。"② 启蒙运动所塑造的批判基调，激励着人们对知识和权力进行质疑和反思。显然，马克思继承了康德等启蒙先贤对批判的规定，并对其进行了丰富和发展，使其与时代精神相符合。

① ［德］康德：《历史理性批判文集》，何兆武译，北京：商务印书馆1996年版，第22页。
② ［德］康德：《纯粹理性批判》，邓晓芒译，北京：人民出版社2004年版，第3页。

马克思的批判哲学是在批判青年黑格尔派的过程中不断成熟起来的。青年黑格尔派作为黑格尔哲学解体过程中的激进派，反对黑格尔哲学的保守倾向，主张发掘其内在的革命因素为现实政治服务。可是，青年黑格尔派对德国哲学的批判并未超越黑格尔哲学的范畴，只是抓住了黑格尔体系的某一方面，就自以为完成了对黑格尔哲学的超越。其实，青年黑格尔派对德国哲学的批判主要集中于宗教领域，认为宗教观念作为普遍的东西统治着现存世界。他们反对这种观念或意识的统治，强调"要用人的、批判的或利己的意识来代替他们现在的意识，从而消除束缚他们的限制"。① 可见，青年黑格尔派对观念或意识的批判，是在纯粹思维领域中完成的。"他们只是用词句来反对这些词句，既然他们仅仅反对这个世界的词句，那么他们就绝对不是反对现实的现存世界"。② 在马克思看来，青年黑格尔派的批判依然是抽象的、片面的批判，囿于自身的理论和词句，并未真正触及现实世界。马克思认为批判应该着眼于现实世界，要对现存的一切进行彻底的批判。

在马克思那里，彻底的批判精神既是对自我的严格批判，也表现为客观的政治批判。马克思强调批判是"无情的批判"，即不带任何感性色彩的理性批判。马克思批判的

---

① 《马克思恩格斯文集》第 1 卷，北京：人民出版社 2009 年版，第 526 页。
② 《马克思恩格斯文集》第 1 卷，北京：人民出版社 2009 年版，第 526 页。

对象不再是抽象的观念和意识，而是"现存的一切"。在马克思那里，批判的内容是无所不包的，现存的一切事物都应经受批判。"真理的彼岸世界消逝以后，历史的任务就是确立此岸世界的真理"。① 马克思立足于现实世界，将批判的视角从宗教批判、神学批判转向了法的批判、政治批判。马克思对现实政治的批判，不是要把人从词句的统治中解放出来，而是要使用现实的手段来变革现实世界。所以，政治批判是马克思批判的重要维度，是对"现实的人"的解放问题的真正关切。当然，马克思将"现存的一切"视为批判对象，实则否定了一切权威，无论是理论权威抑或现实世界的权威，都成了可以批判的对象。

马克思自身思想的发展同样印证了这种彻底的批判精神。马克思思想的形成并非一蹴而就，而是在对自我思想历程中不成熟、不科学因素的批判中逐步发展起来的。例如在马克思思想的早期阶段，马克思对人的本质的考察主要是通过人本主义思路体现的，"所谓彻底，就是抓住事物的根本。而人的根本就是人本身"。② 以唯物史观的科学视野来看，人本主义思路是一条抽象化、非历史化的思路，还根本无法触及人的历史规定性。经过《莱茵报》时期的苦恼和疑问之后，马克思开始从政治经济学中寻找人的规

---

① 《马克思恩格斯文集》第1卷，北京：人民出版社2009年版，第4页。
② 《马克思恩格斯文集》第1卷，北京：人民出版社2009年版，第11页。

定性，终于在《雇佣劳动与资本》这一文本中，马克思的本质性视野实现了格式塔式转移：在社会关系的平台上对人和物进行经济学式的透视。"黑人就是黑人。只有在一定的关系下，他才成为奴隶。纺纱机是纺棉花的机器。只有在一定的关系下，它才成为资本。脱离了这种关系，它也就不是资本了。"① 正是借助于经济学研究，马克思找到了打开人的本质之谜的钥匙。不难看出，马克思对自己思想的自我批判和自我变革同样是坚决的、彻底的，并不因为批判对象是自己而减弱批判的力量，这种对自我和客观世界批判的严格性体现出马克思"无情的批判"的鲜明特征。

私有制的消灭和共产主义决不是一回事。

【论断】共产主义不是简单地消灭私有制，而是推动现存世界变革的、现实的运动。

这句话主要是阐明消灭私有制和共产主义的关系问题。空想共产主义者将私有制的消灭等同于共产主义的实现，从而导致对共产主义理解的简单化、片面化。批判私有制是空想共产主义的核心目标，在空想共产主义者看来，私有制的存在导致了贫富分化、社会不公，只有将其彻底消灭，才能创造更加公平和正义的社会。马克思在《1844年经济学哲学手稿》中明确指出："对私有财产最初的积极扬

---

① 《马克思恩格斯文集》第 1 卷，北京：人民出版社 2009 年版，第 723 页。

弃"的共产主义只是一种粗陋的共产主义,^① 这种共产主义只是肯定了社会所有成员对物的直接占有,是以"普遍的私有财产来反对私有财产的运动"。^② 在马克思看来,这种共产主义实质上是一种平均主义,希望通过消灭资产阶级的私有财产权,来实现所有人对物的平均占有。因此它并未超越私有财产的界限,甚至没有达到私有财产的水平。而真正的共产主义不仅是对私有财产的积极扬弃,更是对人的异化的积极扬弃,进而实现"人和自然之间、人和人之间的矛盾的真正解决"。^③ 虽然马克思此时对共产主义的理解,仍然带有明显的人本主义印记,未能彻底摆脱对人的本质的抽象谈论,但是他赋予了共产主义比消灭私有制更全面、更深刻的内涵,即对人的本质的真正占有。

对于空想共产主义所设想的消灭私有制的方式,马克思同样给予了批判。空想共产主义者对如何消灭私有制莫衷一是,和平主义者主张通过非暴力手段改良社会,不断推动现实社会向理想社会转变;革命主义者虽然将暴力革命作为社会变革的有效手段,但对革命的条件、动力和前途缺乏科学认识。由于空想共产主义未能准确把握资本主义社会的阶级对立,无法正确指导工人运动,从而使得工人运动屡遭失败,无法真正动摇资产阶级的统治。而马克

---

① 《马克思恩格斯文集》第 1 卷,北京:人民出版社 2009 年版,第 185 页。
② 《马克思恩格斯文集》第 1 卷,北京:人民出版社 2009 年版,第 183 页。
③ 《马克思恩格斯文集》第 1 卷,北京:人民出版社 2009 年版,第 185 页。

思始终坚持从现实世界出发，寻求变革现实世界的手段和方法。马克思立足于资本主义社会，分析和揭示了资本主义社会的固有矛盾，找到了超越资本主义社会的现实方法。在马克思看来，无产阶级作为资本主义社会受剥削最重、受压迫最深的阶级，必须通过暴力革命的方式推翻资本主义私有制和资产阶级的统治，在解放全人类的过程中解放自身。由此可见，共产主义绝不限于私有制的消灭，共产主义是包括私有制消灭在内的一系列的现实运动促成的。

　　在当代社会，私有制与共产主义的关系问题并未得到彻底澄清。《共产党宣言》曾经指出："共产党人可以把自己的理论概括为一句话：消灭私有制"。[①] 基于此表述，很多人将私有制视为洪水猛兽，主张只有将其迅速消灭，才能符合社会主义国家的性质。然而改革开放以来，社会主义市场经济得到了充分发展，私营经济或民营经济成为市场活动的重要主体。很多人不禁要问，私营经济的发展与社会主义是否具有相容性？为了解释这一问题，应该科学解读马克思的"消灭私有制"思想。私有制的消灭与社会基本矛盾紧密相关，只有当生产力发展到一定阶段，才能具备消灭私有制的充分的经济社会条件。私有制本身不是凭空出现的，有其产生、发展和消亡的过程。私有制在资本主义社会产生以前，就已长期存在。资本主义社会只是

---

① 《马克思恩格斯文集》第 2 卷，北京：人民出版社 2009 年，第 45 页。

改变了私人占有的具体形式，以资本主义私有制取代了封建主义私有制。不可否认，资本主义私有制相较于封建主义私有制是一大进步，它把人从宗法体系中解放出来，赋予人们更多的权利和自由，尤其是注重对私有财产权的保护。可见，资本主义私有制有其存在的历史合理性。但是，资本主义私有制并不是"历史的终结"，它同样会随着社会基本矛盾的不断演进，越来越不适合社会生产力发展的要求，不得不被未来社会的公有制所代替。然而，当前我国仍处于社会主义初级阶段，生产力发展水平仍有较大的提升空间，并不具备完全消灭私有制的生产力条件和经济基础。所以当前社会经济发展仍需要私营经济的参与，只有发挥多元市场主体的作用，才能有效地促进生产力的发展和生产关系的变革，从而为最终实现共产主义奠定基础。因此，只有厘清私有制、生产力与共产主义的关系问题，才能正确认识改革开放的历史大势，理性看待当前社会的所有制格局。

除了这种共产主义外，同时还出现了另一些如傅立叶、蒲鲁东等人的社会主义学说，这不是偶然的，而是必然的，因为这种共产主义本身只不过是社会主义原则的一种特殊的片面的实现。

【论断】空想共产主义的产生有其历史必然性，它未能全面实现社会主义的基本原则。

共产主义并非马克思的原创思想，在马克思之前，共产主义学说已经得到了长足的发展，呈现出了多元化的理论样态。可是，这些共产主义学说具有各种各样的理论缺陷，并未全面实现社会主义的基本原则，无法真正推动现实世界的变革。马克思正是在吸取这些共产主义学说有益成分的基础上，创立了符合现实世界变革要求的科学社会主义理论。

首先，共产主义学说不是凭空产生的，具有其产生的历史必然性。理解共产主义要从理解资本主义入手，资本主义在不断演化和变迁的过程中催生着共产主义。第一，资本主义生产方式的出现是共产主义学说产生的客观基础。资本主义实现了生产方式的极大变革，在创造巨大物质财富的同时，还以资产阶级的要求塑造现代社会的面貌。共产主义学说正是在资本主义所开创的现代文明基础上，思想家们构想未来社会的理想图景。若是脱离了资本主义社会所创造的现实基础，共产主义就成了无源之水、无本之木。第二，资本主义社会的阶级结构是共产主义学说产生的现实条件。资本主义社会使社会的阶级结构简单化了，日益分裂成资产阶级和无产阶级两大对立的阵营，资产阶级的富裕和无产阶级的贫穷形成了鲜明对照。无产阶级迫切需要先进理论的指导，使自身摆脱被剥削、被压迫的现况。因此，共产主义学说大都立足于受剥削阶级的立场，希望实现其利益诉求。第三，资产阶级的启蒙思想是共产主义学说产生的理论资源。资产阶级以"自由、平等、博爱"为思想旗帜，号召人们推翻封建社会的统治，建立起

现代民主国家。可是，资产阶级的统治并未兑现启蒙思想
的解放承诺，无产阶级仍然深受剥削和压迫。正是面临这
一社会现况，部分思想家开始探寻更加公正、合理的社会
制度，实现对资本主义社会的超越。由此可知，思想是时
代精神的反映，资本主义的发展导致了共产主义学说的滥
觞与勃兴。共产主义学说正是对资本主义社会的反思和批
判，体现了人们对现实社会的反抗和对美好社会的向往。

其次，空想共产主义或空想社会主义具有不同的理论
样态，表达了不同的利益诉求。思想家们由于立场的不同，
其空想共产主义或空想社会主义存在着诸多差异。马克思
在批判以卡贝、德萨米和魏特林等为代表的空想共产主义
同时，特意提及了傅立叶和蒲鲁东的社会主义学说。傅立
叶作为空想社会主义的代表人物，对资本主义制度持坚定
的批判态度。在他看来，资本主义制度作为"恢复的奴隶
制"，是一切罪恶的渊薮。他试图在不废除私有制的前提
下，对资本主义社会进行改造，建立"法朗吉"式的和谐
社会。蒲鲁东则是小资产阶级的社会主义者，对资本主义
的大私有制持批判态度，但希望保护小私有制来克服资本
主义的弊端，幻想通过和平改良的方法，建立以个人占有
为基础的"互助制"社会。可见，傅立叶和蒲鲁东都反对
资本主义的剥削，希望通过改良手段来建立理想社会。马
克思之所以以二者为例，就在于二者对待私有制的态度与
空想共产主义者存在明显区别，傅立叶和蒲鲁东都主张保

留私有制，而空想共产主义者却都坚决要求消灭私有制。可见，共产主义学说内部存在着多元化的诉求，特别是在对待私有制的问题上未能达成共识。

最后，这些空想共产主义学说具有片面性，未能全面实现社会主义的原则。马克思作为《德法年鉴》的主编，对当时流行的共产主义学说总体上持批判态度，仍然坚持社会主义的基本原则。在马克思看来，这些共产主义学说都是尚未成熟的理论思考，对资本主义的批判都是从人道主义的立场出发，未能提升到对人的本质的现实性关注。空想共产主义者关于未来社会的种种设想，是从头脑出发做出的，并不具备实现的现实基础。此时的马克思将社会主义的基本原则界定为真正的人的本质的现实性，即人的本质是理论性和现实性的统一，其中宗教是人的理论斗争的对象，政治国家是现实斗争的目标。社会主义的原则就是要关注现实的政治国家，特别是人的物质利益关系。

马克思致帕维尔·瓦西里耶维奇·安年科夫

1846 年 12 月 28 日于布鲁塞尔

社会——不管其形式如何——是什么呢？是人们交互

活动的产物。人们能否自由选择某一社会形式呢？决不能。

【论断】虽然社会是人们交互活动的产物，但是人们不能自由选择社会形式。

无论是何种意义上的社会，如原始社会、奴隶社会，抑或封建社会、资产阶级社会等，都是在人们发生相互联系、相互作用基础上而结成的总体性的关系体系。就此而言，社会并不是如黑格尔所言的绝对精神的产物，它只不过是人们的社会联系的结果而已，是标志着人们相互作用的重要范畴。那么，社会源自于人们的活动，是人们活动的产物，而人们的活动又总是受到人们自己意志的控制，是不是人们就可以出于自己的意志来任意地选择某一社会形式呢？答案是否定的，这就涉及社会的客观实在性，而在理论实质上，则是一个如何在肯定人的主观能动性的基础上合理理解社会的客观实在性的问题。

社会是由现实的、活生生的人组成的，即社会是人们的活动的产物。不仅如此，社会仅仅是人们的活动的产物，而丝毫不是什么理念、精神、上帝、批判的产物。马克思恩格斯在《神圣家族》中曾经揭示出人类社会与现实的人之间的本质性关联："历史什么事情也没有做，它'不拥有任何惊人的丰富性'，它'没有进行任何战斗'！其实，正是人，现实的、活生生的人在创造这一切，拥有这一切并且进行战斗。并不是'历史'把人当做手段来达到自己——仿佛历史是一个独具魅力的人——的目的。历史不过是追求着自己目的的人的活动而已。"① 马克思恩格斯的唯物史观把社会看成是现实的人的活动产物，与唯心史观的社会观划清了界限。然而，当唯物史观将社会划归于现实的人的范围时，就产生了独属于自己的问题：如果说唯心史观把社会的本质放置于非人的抽象物那里，从而就省略了人们选择社会形式的问题，那么唯物史观由于判定了社会与人的本质关系，则始终面临着人们能否自由选择社会形式的问题。如果唯物史观的回答是肯定的，那么这就明显违背了唯物主义的根本立场，因此马克思才会做出否定的回答，即"人们绝不能自由选择某一社会形式"。然而，这就带来一个如何理解人们的主观能动性和社会的客观实在性的问题。以往人们理解这一问题时，往往会不自觉地秉持某种非此即彼的形而上学方法，即如果承认了社会是由人们的活动及其主观能动性所充实的，那么社会就缺乏客观性，相反如果承认社会的客观实在性，那么就会把人们的主观能动性归之于社会的现象领域，或者归之于纯粹的偶然性。总之，传统理解往往无法将主观能动性和客观实在性有机地统一起来，这一点类似于马克思批评费尔巴哈时所指出的"唯物主义和历史是彼此完全脱离的"形而上学失误。

将人们的主观能动性和社会的客观实在性统一起来理解的关键是把握社会规律的人为性与客观性的统一。作为

① 《马克思恩格斯文集》第 1 卷，北京：人民出版社 2009 年版，第 295 页。

人们交互活动的产物，社会永远是与人们的交互活动联系在一起的，在没有人们交互活动的地方，也就不再存在社会、不再存在社会规律，因此社会规律总是脱离不开人的属性、脱离不开人们的交互活动，社会规律是由人们的交互活动支撑起来的，这是社会规律的所谓"人为性"。与此同时，社会规律并不因为充满着人的意志、动机、情欲的活动因素而杂乱无章，或是受到人们随心所欲的摆布，这是因为社会是众多个人的总体性关系体系，众多个人的意志、动机、情欲在交互活动中相互冲突、相互叠合、相互交错，从而构成为一种恩格斯所说的"历史合力"。进而言之，社会规律的客观性之所以能够超越个人的主观任意性的地方在于，众多个人的交互活动总体上受到了物质生产活动的规范，这是所有个人必然接受的规范："人们为了能够'创造历史'，必须能够生活。但是为了生活，首先就需要吃喝住穿以及其他一些东西。因此第一个历史活动就是生产满足这些需要的资料，即生产物质生活本身，而且，这是人们从几千年前直到今天单是为了维持生活就必须每日每时从事的历史活动，是一切历史的基本条件。"① 通常认为，物质生产活动是人们生存和发展的基础性活动，这一点是对的，但是还没有揭示出物质生产活动对于人类历史的全面意味。实际上，物质生产活动除了对人类历史发

---

① 《马克思恩格斯文集》第 1 卷，北京：人民出版社 2009 年版，第 531 页。

挥出支撑性作用之外，还发挥着规范性作用，即它要求人们在"创造历史"之前，首先"必须能够生活"，而为了实现生活，又必须从事生产生活消费资料的物质生产活动，这是人们无法任由选择的社会规律，这就是社会本身的客观实在性，这一客观实在性表现出来的结果便是"人们不能自由选择社会形式"。

在人们的生产力发展的一定状况下，就会有一定的交换（commerce）和消费形式。在生产、交换和消费发展的一定阶段上，就会有相应的社会制度形式、相应的家庭、等级或阶级组织，一句话，就会有相应的市民社会。有一定的市民社会，就会有不过是市民社会的正式表现的相应的政治国家。

【论断】一定的生产力决定着一定的生产关系，而生产关系的总和构成了一个社会的经济基础，经济基础又决定着一定的上层建筑。

在这段话中，马克思阐述了由生产力发挥着最终决定性作用的社会层级决定系统，即一定的生产力决定着一定的生产关系，一定的生产关系的总和构成了一个社会的经济基础，而经济基础又相应地决定着上层建筑。需要注意的是，此时的马克思仍然沿用着黑格尔的术语"市民社会"来指称日后才出现的"经济基础"概念。市民社会是一个多层次的概念，广义的市民社会是指一定社会中的经济关系的总和，它存在于人类社会的自始至终，这种意义的市民社会基本等同于经济基础的概念。中义的市民社会是指以市场经济为基础发展起来的物质交往关系，它主要存在于市场经济时代的介于国家和个人之间的中间地带，是一个以财产关系为核心、以相互需要为联结的私人利益关系体系。狭义的市民社会是指资产阶级社会的物质交往关系。联系上下文语境，此处的市民社会应当是广义的市民社会，即经济基础。

马克思把政治国家等上层建筑归基于经济基础，把经济基础归基于生产关系，再把生产关系归基于生产力，从而构建了社会层级决定系统，就将人类思想史上从未说清楚的人类历史层次脉络以一种简明形式表述出来，这使得被各种意识形态学说掩盖的人类历史真相展示出来。具体而言，在社会层级决定系统中，生产力是起着最终决定性作用的因素，因为人们无论从事任何活动，首要前提是确保自己的肉体存在，这就需要解决衣食住行等物质生活资料问题。"因此第一个历史活动就是生产满足这些需要的资料，即生产物质生活本身"。①生产力是人们在劳动实践中形成的改造和影响自然以使其适合社会需要的客观力量。作为一种客观力量，生产力显然不能由各个孤立的、不发生社会联系的个人所造就，而必然来自组织起来的、发生着

---

① 《马克思恩格斯文集》第 1 卷，北京：人民出版社 2009 年版，第 531 页。

种种社会联系的人群，由此在物质生产过程中形成的社会关系就构成了生产关系，生产关系就表现为马克思所说的"社会制度形式、相应的家庭、等级或阶级组织"。马克思指出："为了进行生产，人们相互之间便发生一定的联系和关系；只有在这些社会联系和社会关系的范围内，才会有他们对自然界的影响，才会有生产。"① 没有生产关系所联结的人群，是没有力量，也没有生产力的人群，因此，生产关系本身也构成为生产力的内在条件。一定的社会发展阶段往往存在多种生产关系，而多种生产关系的总和构成了市民社会，即经济基础。经济基础是由社会一定发展阶段的生产力所决定的生产关系的总和，而任何意义上的生产关系，都需要政治的、法律的制度以及意识形态的意识形式来加以维护、延续和发展，或者说，需要一定的形式对经济基础作合法性维护和论证，这就是建立在一定经济基础之上的意识形态以及与之相应的制度、组织和设施，即上层建筑。由此不难发现，马克思构建的社会层级决定系统由两个相互联系又各自独立的子系统构成，一是生产关系一定要适合生产力的第一层级决定系统，二是上层建筑一定要适合经济基础的第二层级决定系统，两个系统共同成为社会层级决定系统的支柱。

马克思构建的社会层级决定系统具有重要的理论指导

① 《马克思恩格斯文集》第1卷，北京：人民出版社2009年版，第724页。

意义，正像列宁所言："只有把社会关系归结于生产关系，把生产关系归结于生产力的水平，才能有可靠的根据把社会形态的发展看做自然历史过程。不言而喻，没有这种观点，也就不会有社会科学。"① 马克思所构建的社会层级决定系统是对人类历史层级脉络的正确说明，是对人类历史领域表现出的不以人的意志为转移的社会规律的科学表达。借助于社会层级决定系统，马克思的唯物史观才具有了原创性的内核，从而展示出对人类思想史的变革意义。

　　这里不必再补充说，人们不能自由选择自己的生产力——这是他们的全部历史的基础，因为任何生产力都是一种既得的力量，是以往的活动的产物。可见，生产力是人们应用能力的结果，但是这种能力本身决定于人们所处的条件，决定于先前已经获得的生产力，决定于在他们以前已经存在、不是由他们创立而是由前一代人创立的社会形式。

　　【论断】任何生产力都是人们以往活动的产物，而不能由人们自由选择。

　　如同人们不能自由选择社会形式一样，人们同样不能自由选择自己的生产力。虽然生产力作为一种人们在劳动

①　《列宁专题文集 论辩证唯物主义和历史唯物主义》，北京：人民出版社
　　2009 年版，第 161 页。

实践中形成的改造和影响自然的力量，具有强烈的属人性，但是生产力本身决定于人们所处的历史环境和先前的生产力水平，而这些方面都"不是由他们创立而是由前一代人创立的"。例如，对照封建时代的皇帝和现代社会的普通人，前者虽然权倾一时，能够轻易地表现出溥天之下莫非王土、率土之滨莫非王臣的王者气度，但是他能够享受到的经济成果实在有限，他不能像后者那样通过手机迅速地联系到远在千里之外的人，也不能像后者那样借助互联网在第一时间知悉地球另一边发生的事情。正像马克思所说："君主们在任何时候都不得不服从经济条件，并且从来不能向经济条件发号施令。"① 相反，人们的社会关系和制度形式则是源自并且始终反映着生产力的要求。"无论是政治的立法或市民的立法，都只是表明和记载经济关系的要求而已"。②

人们不能自由选择自己的生产力表明，生产力是人类历史的永恒的自然基础，是人们无法彻底扬弃，而只能作为自己活动的出发点的因素，因此以生产力为标尺，可以测绘出人类解放的可能性空间。"没有蒸汽机和珍妮走锭精纺机就不能消灭奴隶制；没有改良的农业就不能消灭农奴制；当人们还不能使自己的吃喝住穿在质和量方面得到充

---

① 《马克思恩格斯全集》第 4 卷，北京：人民出版社 1958 年版，第 121 页。
② 《马克思恩格斯全集》第 4 卷，北京：人民出版社 1958 年版，第 121—122 页。

分保证的时候，人们就根本不能获得解放"。① 正是在这种意义上，生产力与人类解放发生着本质性的关联：生产力的发展水平决定着人类解放的可能的程度，生产力被人们所创造和享受的程度标志着人们走向解放的程度，由此生产力不仅是人类解放的现实基础，而且是人类解放的衡量尺度。

由此就必然得出一个结论：人们的社会历史始终只是他们的个体发展的历史，而不管他们是否意识到这一点。

【论断】人类历史是人类的个体的发展历史。

人类历史可以从多个角度来考察，如文明的角度、国家的角度、地区的角度、语言的角度、性别的角度、社会关系的角度等等，不一而足。马克思在这里揭示了一个前人未曾注意，但是始终贯穿整个人类历史的角度，即个体的角度。谈到个体，很多人觉得个体既适用于描述现代社会的人，又适用于描述古代社会的人，天底下的人不都是以个体的方式存在着吗？每个人的肉体和精神、存在和思维不都是独立存在的吗？实则不然。马克思提醒我们，在使用那些可以无条件适用于任何时代的概念的时候要非常谨慎，要时刻注意这些概念形式上的适用性和实质上的历史性之间的区别，要注意揭示出概念意义的充分实现的历

① 《马克思恩格斯文集》第 1 卷，北京：人民出版社 2009 年版，第 527 页。

史条件。像"个体"这种概念，表面看来可以适用于天底下的一切人，在实质上这是一个假象。个体、个人只不过是现代社会的产物，古代社会、传统社会不存在个体，或者说个体的真实程度还没有充分发育起来，而到了未来的共产主义时代，个体的所有内涵才能充分实现出来，从而实现为一种"自由个性"。正是基于个体在不同时代的历史性差异，个体才有资格成为考察人类历史的一个角度。

　　具体来说，传统社会的人不是真实的个体，而是由各种"人的依赖性"所团聚起来的人，把传统社会家庭、氏族和公社中的任何一个人驱逐出他曾经依赖的整体，那么这个人将会丧失生存的所有力量。正如麦金泰尔对传统社会群体本位的分析："在大多数古代和中世纪的社会中，像在许多其他前现代社会中一样，个人是通过他或她的角色来识别，而且是由这种角色构成的，这些角色把个人束缚在各种社会共同体中，并且只有在这种共同体中和通过这种共同体，那种人所特有的善才可以实现；我是作为这个家庭、这个家族、这个氏族、这个部落、这个城邦、这个民族、这个王国的一个成员而面对这个世界的。把我与这一切分离开来，就没有'我'。"① 从这个意义上看，传统的人实质是附属于某个整体的人，并不具备"个体"概念所

①　［美］麦金泰尔：《德性之后》，龚群等译，北京：中国社会科学出版社1995年版，第216—217页。

具有的那些内涵，因此此时的人类历史尚处于不发展、不发达的人类历史，其重要标志便是个体的不发展、不发达。直到近代社会，像马克思所说的"18世纪的个人"，才真正展开了"个体"概念的充分意义，这是因为18世纪的历史条件已经发展到十分发达的社会关系的水平，人"一方面是封建社会形式解体的产物，另一方面是16世纪以来新兴生产力的产物"，① 这样人就有条件成为脱离于某个整体也能够生活的"孤立个人"，因此自从18世纪才开始实现"个体"概念的充分意义。个体概念的意义既包括个体的自主自决、自由思考、自由行动，也包括韦伯所说的理性化、科层制、官僚化、工具理性，更包括马克思所说的"全面的关系、多方面的需要以及全面的能力的体系"，这是古代社会的人们所不具有的，同时也为未来理想时代的个体充分发展奠定基础。直至未来的共产主义时代，个体概念的意义将会超越现代社会的个体意义，从而升华出一种现代人都难以想象的作为"自由个性"的个体。此时个体的意义将包括自由发展、全面发展、分工消失、劳动成为第一需要、各尽所能、按需分配等。不难看出，在每一个大的历史时代中，人类的个体的发展程度都具有历史性的差异，从而个体的发展也就能够显示出人类历史的发展程度，这是马克思从个体的发展历史角度来考察人类历史的原因。

---

① 《马克思恩格斯文集》第8卷，北京：人民出版社2009年版，第5页。

　　他们的物质关系形成他们的一切关系的基础。这种物质关系不过是他们的物质的和个体的活动所借以实现的必然形式罢了。

　　人们永远不会放弃他们已经获得的东西，然而这并不是说，他们永远不会放弃他们在其中获得一定生产力的那种社会形式。恰恰相反。为了不致丧失已经取得的成果，为了不致失掉文明的果实，人们在他们的交往（commerce）方式不再适合于既得的生产力时，就不得不改变他们继承下来的一切社会形式。

　　【论断】生产关系一定要适合生产力的发展要求，在生产力面前，被改变的总是不适合生产力的生产关系。

　　在这段话中，马克思谈到的"物质关系""交往形式""社会形式"，基本可以理解为生产关系。我们知道，生产关系是人们在物质生产过程中所结成的社会关系，是生产力得以造就的内在条件，即生产关系"是他们的物质的和个体的活动所借以实现的必然形式"。尽管如此，就与人的关系而言，生产力作为人们改造和影响自然的客观力量，属于人与自然打交道的内容，而生产关系属于人与自然打交道的形式。内容高于形式，形式服务内容，人们为了满足自己生存和发展的需要，就要解决衣食住行等物质生活资料问题，由此就提出了人们必须具备改造和影响自然的力量来制造物质生活资料的问题，即生产力是人们意欲获得的东西，而生产关系不过是服务于人们的生产力目标的手段，当某种生产关系不再能够促进人们获得生产力，或者阻碍人们获得生产力时，人们就要放弃和改变曾经在其中能够获得生产力的生产关系，即人们会"放弃他们在其中获得一定生产力的那种社会形式"，这就是生产关系一定要适合生产力发展要求的道理。

生产关系一定要适合生产力的发展要求表明，生产力是起支配作用、发挥着决定性作用的一方。历史上的各种生产关系既是适应一定的生产力发展需要而产生的，也是适应更高的生产力发展要求而改变的。只有不断发展的生产力，而没有一成不变的生产关系；有什么样的生产力，就要求有什么样的生产关系与之相适应。生产关系是适应于生产力的发展要求而产生的，只有当它为生产力提供足够的发展空间时才能够存在。随着生产力的进一步发展，原本适合生产力状况的生产关系便由新变旧，从而逐步丧失了自己存在的必要性与合理性。在这种意义上，生产力是评判生产关系是否合理、是否正当的根本尺度。

可见，人们借以进行生产、消费和交换的经济形式是暂时的和历史性的形式。随着新的生产力的获得，人们便改变自己的生产方式，而随着生产方式的改变，他们便改变所有不过是这一特定生产方式的必然关系的经济关系。

【论断】新的生产力的获得会促使人们改变自己的生产关系，由此生产关系表现出历史的暂时性。

生产力的发展水平决定着生产关系的新陈代谢，在生产力与生产关系所构成的统一体中，起最终决定作用的是生产力。生产力不仅决定着生产关系的产生，而且决定着生产关系的发展变化。换言之，无论是旧的生产关系的消失，还是新的生产关系的确立，最终都是由生产力的发展所引起的；反之，无论生产关系对生产力的制约作用有多大，最终都是以生产力的发展为转移，由此生产关系表现为一种具有历史性和暂时性的东西，它的终极合法性总是来源于生产力层面。

在这里，我们可以借助于马克思的"自主活动"概念来说明生产关系对于生产力的依赖性以及基于这种依赖性而表现的历史性。马克思用"自主活动"这一概念来表达人民群众历史活动所涉及的生产关系与生产力的匹配程度，当生产力发展到一定程度时，原来是人民群众自主活动的生产关系，后来就会变成自主活动的桎梏，即变成生产力发展的桎梏，而作为桎梏的生产关系当然就丧失了历史的合理性，从而被人们所抛弃，这就是生产关系的历史性。"已成为桎梏的旧交往形式被适应于比较发达的生产力，因而也适应于进步的个人自主活动方式的新交往形式所代替；新的交往形式又会成为桎梏，然后又为另一种交往形式所代替。"①

---

① 《马克思恩格斯文集》第 1 卷，北京：人民出版社 2009 年版，第 575—576 页。

在前共产主义社会，人民群众的历史活动就已经体现出了自主活动的性质，只是这一性质仍然是不完善、不充分的，仍然处在逐渐积累、缓慢增长的历史过程中。马克思指出："在后来时代（与在先前时代相反）被看做是偶然的东西，也就是在先前时代传给后来时代的各种因素中被看做是偶然的东西，是曾经与生产力发展的一定水平相适应的交往形式。"① 这段论述默认了一点，即人类历史发展过程中前一个时期是自主活动及其所适应的生产关系，在后一个时期就可能不再是自主活动及其所适应的生产关系。针对共产主义社会的自主活动，马克思指出："只有在这个阶段上，自主活动才同物质生活一致起来，而这又是同各个人向完全的个人的发展以及一切自发性的消除相适应的。"② 从语义逻辑上来看，这段论述提出了与"物质生活"相一致的"自主活动"，那么同样有未与"物质生活一致起来"的"自主活动"，即前共产主义社会同样有"自主活动"。这就间接地表明"自主活动"不仅是一个衡量生产关系是否以及多大程度上适合生产力的重要标准，而且借由自身的发展程度表现出生产关系的历史合理性程度。透过"自主活动"这一概念，人们能够更深刻地体悟到生产关系的历史暂时性的特征，这是把握生产关系概念的重要方面。

---

① 《马克思恩格斯文集》第 1 卷，北京：人民出版社 2009 年版，第 575 页。
② 《马克思恩格斯文集》第 1 卷，北京：人民出版社 2009 年版，第 582 页。

他没有看到：经济范畴只是这些现实关系的抽象，它们仅仅在这些关系存在的时候才是真实的。

【论断】作为对现实关系的抽象，经济范畴具有客观性和历史性。

马克思对蒲鲁东《贫困的哲学》进行批判的一个重点是，对蒲鲁东颠倒经济范畴和现实关系的关系、颠倒观念上层建筑和经济基础的关系的批判，而这些颠倒来源于蒲鲁东对黑格尔辩证法的拙劣模仿。蒲鲁东把从黑格尔那里学到的辩证法改造为系列辩证法，"辩证法就是思想从一个观念前进到另一观念，通过一种更高级的观念而形成系列。"① 辩证法的集大成是黑格尔，因此他还表达了对于黑格尔的敬意："只有运用这种方法，一种观念，一个事实就会显示出矛盾关系，并显示出两个对立系列的结果，从而得出一个预期中的新的综合。这就是由三段论和归纳法的既对立又相结合而形成的新工具所遵循的普遍而变化无穷的原则。这种工具，古人只是有所预见，真正创造它的是康德，而使它发挥巨大威力和大放光彩的，则是他的后继者黑格尔。"② 黑格尔哲学体系的灵魂是事物自否定的辩证法，正反合三段式只不过是自否定辩证法的外在表现。当

---

① ［法］蒲鲁东：《贫困的哲学》，余叔通、王雪华译，北京：商务印书馆1998年版，第555页。
② ［法］蒲鲁东：《贫困的哲学》，余叔通、王雪华译，北京：商务印书馆1998年版，第573页。

蒲鲁东只是抓住正反合这些黑格尔哲学形式方面的东西时，不过是舍本逐末的做法，这说明蒲鲁东根本没有理解黑格尔哲学的精髓。"蒲鲁东先生无法探索出历史的实在进程，他就给我们提供了一套怪论，一套妄图充当辩证怪论的怪论。他觉得没有必要谈到 17、18 和 19 世纪，因为他的历史是在想象的云雾中发生并高高超越于时间和空间的。一句话，这是黑格尔式的陈词滥调。"① 黑格尔哲学的自否定辩证法要求研究者必须进入事物自身关系的内部，从事物内部去发掘事物的矛盾关系，而不能只是在事物的表面和外围转圈。正是因为蒲鲁东理解不了自否定辩证法，所以他只能够按照正反合这一抽象哲学框架，从经济范畴出发来安排各种经济事物的位置及其相互关系，认为贫困的历史不是现实的历史，而是经济范畴的历史、观念的历史。

按照马克思的观点，经济范畴只是人们的现实关系的抽象，这就表明经济范畴绝不是唯心主义所谈论的那种能够创造历史的东西，而是源自人们物质生活的过程，是对人们物质生活关系的理论反映。

首先，经济范畴具有客观性。经济范畴虽然经由人们主观地提出，并且采取了概念、判断、推理等种种主观形式，但是它的内容是客观的，经济范畴借由主观的形式所表达的内容是不以人的意志为转移的。"思想、观念、意识

---

① 《马克思恩格斯文集》第 10 卷，北京：人民出版社 2009 年版，第 44 页。

的生产最初是直接与人们的物质活动，与人们的物质交往，与现实生活的语言交织在一起的。人们的想象、思维、精神交往在这里还是人们物质行动的直接产物。"① "意识（das Bewuätsein）在任何时候都只能是被意识到了的存在（das bewuäte Sein），而人们的存在就是他们的现实生活过程。"② 经济范畴是对人们现实关系的抽象反映，它在内容上具有客观性。正是因为经济范畴来自现实关系，而不是虚无缥缈的绝对精神或普遍理性，所以通过现实关系的维度能够测绘出经济范畴的真理性程度。马克思指出：经济范畴"仅仅在这些关系存在的时候才是真实的"，即经济范畴在客观反映现实关系的时候，才能够成为正确的经济范畴，反之则是虚假的经济范畴，这是经济范畴的客观性的一种确证。

其次，经济范畴具有历史性。如果说人们的现实关系会随着生产方式的改变而发生改变，那么作为"现实关系的抽象"，经济范畴同样会发生相应的改变。"人们的观念、观点和概念，一句话，人们的意识，随着人们的生活条件、人们的社会关系、人们的社会存在的改变而改变。"③ 在前文中，我们已经阐述伴随着生产力的发展变化，人们在物质生产过程中的生产关系就会发生变化，或者是一些新的生产关系产生，或者是一些旧的生产关系消失。现实的生

① 《马克思恩格斯文集》第 1 卷，北京：人民出版社 2009 年版，第 524 页。
② 《马克思恩格斯文集》第 1 卷，北京：人民出版社 2009 年版，第 525 页。
③ 《马克思恩格斯文集》第 2 卷，北京：人民出版社 2009 年版，第 49—50 页。

产关系的变化，必然反映到人们对这些关系的抽象反映上，这就造成经济范畴的历史性变化。然而，生产力和生产关系的历史性变化与经济范畴的历史性变化，是两个不同层面的变化，前者属于社会存在的历史性变化，是原本意义上的变化，后者属于社会意识的历史性变化，是副本意义上的变化。经济范畴的历史性变化并不完全同步于生产力和生产关系的历史性变化，从而体现出一定程度的超前性、滞后性和独立性。当然，无论是超前、滞后还是独立，这些都表明经济范畴本身不是永恒的规律，而是历史的规律。就此而言，蒲鲁东把具有历史性的经济范畴看成是抽象不变的绝对规律，这就颠倒了范畴和现实的关系。

这样他就陷入了资产阶级经济学家的错误之中，这些经济学家把这些经济范畴看做永恒的规律，而不是看做历史性的规律——只是适用于一定的历史发展阶段、一定的生产力发展阶段的规律。所以，蒲鲁东先生不是把政治经济学范畴看做实在的、暂时的、历史性的社会关系的抽象，而是神秘地颠倒黑白，把实在的关系只看做这些抽象的体现。这些抽象本身竟是从世界开始存在时起就已安睡在天父心怀中的公式。

【论断】蒲鲁东的错误在于他把经济范畴看做是永恒规律，而不是对历史性的社会关系的抽象。

蒲鲁东在认识马克思之前，并不了解黑格尔的哲学，因此也就不可能感染黑格尔哲学所特有的错误。经过在1844 年与马克思的相识，尤其是马克思经常向蒲鲁东讲解黑格尔哲学，蒲鲁东接触到了黑格尔哲学作为德国古典哲学的重大理论成就，这就是黑格尔的辩证法。"1844 年我居住在巴黎的时候，曾经和蒲鲁东有过私人的交往。"① 但是，蒲鲁东对黑格尔哲学的学习，只是学到了辩证法的外表和形式，而没有学到辩证法的精神和内核。正如马克思所言："在长时间的、往往是整夜的争论中，我使他感染了黑格尔主义，这对他是非常有害的，因为他不懂德文，不能认真地研究黑格尔主义。"② 蒲鲁东学习和运用黑格尔辩证法不得要领的重要表现便是蒲鲁东以改变的形式继承了黑格尔哲学的失误之处，即蒲鲁东把经济范畴看做是类似于绝对精神的永恒规律，而不是把经济范畴看做对历史性的社会关系的抽象。

　　例如在《贫困的哲学》一书中，蒲鲁东按照对黑格尔辩证法改造之后的庸俗形式，即系列辩证法来对价值、分工、竞争、垄断等经济事物进行投射和套用，这就悬置了经济问题与经济范畴之间的历史性的相互关系，使得蒲鲁东所阐释的历史不是与时间次序相一致的历史，而是与观念顺序相一致的历史。蒲鲁东把政治经济学和社会主义作

① 《马克思恩格斯文集》第 3 卷，北京：人民出版社 2009 年版，第 18 页。
② 《马克思恩格斯文集》第 3 卷，北京：人民出版社 2009 年版，第 18 页。

为自相冲突的正反两面，再寻找它们的合题：使双方互相吸收、彼此协调的社会科学；把使用价值和交换价值作为正反两面，再寻找它们的合题：构成价值；从第三章开始，蒲鲁东开始了他的宏大的经济进化序列，即从既产生财富又破坏平等的"分工"，进化到能够增加财富但又产生贫困的"机器"，再进化到上帝送来的"竞争"，而竞争又带来了"垄断"，这时作为垄断的对立面的"警察或捐税"又应运而生，但是"警察或捐税"在实际上又变成了对穷人劳动果实的剥夺，因此经济又进入了下一个阶段："贸易"，"贸易"能够给劳动者带来一些补偿，但也使劳动者失去了工作和一些基本生活资料，因此"信用"作为帮助穷人的手段产生了，但"信用"又变成了对劳动者的金融剥夺，因此经济进入了"所有权"阶段，"所有权是占有权，同时又是排他权；所有权是劳动的代价，又是对劳动的否定；所有权是社会的自发产物，又是社会的解体；所有权是一种公平制度，同时又是盗窃"。① 蒲鲁东认为，"所有权"是以上所有方面的总的合题，这就是资本主义经济矛盾的体系。换句话说，在资本主义经济的范围内，是不可能解决劳动者贫困问题的。客观而言，这一结论倒是比较准确，蒲鲁东看出了资本主义经济根深蒂固的不公平性和不合法

---

① ［法］蒲鲁东：《贫困的哲学》，余叔通、王雪华译，北京：商务印书馆1998年版，第578页。

性，提出了取代资本主义经济的主张。然而蒲鲁东依靠
"系列辩证法"所构建的经济进化序列，完全来自正反合抽
象规律的机械投射。《贫困的哲学》表面上运用了所谓"矛
盾""二律背反""系列辩证法"等哲学框架来阐述贫困之
类的经济问题，但在实质上，经济问题只不过是他的抽象
哲学的经济注脚。可以合理想象的是，如果把贫困之类的
经济问题换成其他问题，那么蒲鲁东也一定能够完成那些
问题的矛盾体系的构建，原因就在于发挥灵魂作用的只是
他的哲学的正反合三段式，而不是现实经济关系的历史进
展。归根结底，蒲鲁东的错误在于忽视了经济范畴的历史
性质，把现实的经济关系颠倒式地看做是经济范畴的
体现。

　　蒲鲁东频繁运用黑格尔辩证法，并以经济范畴这一改
造过的形式代替黑格尔的绝对精神，这被马克思讽刺地称
为"这些抽象本身竟是从世界开始存在时起就已安睡在天
父心怀中的公式"。这其中蕴含着一个重要的问题，即蒲鲁
东的系列辩证法与黑格尔的辩证法是什么关系？它们确有
相似之处，都试图提供一种崭新的思维方式，并以这种思
维方式将各自所处理的材料连贯成一个有机体系。蒲鲁东
特别强调"系列"的重要性，而脱离"系列"的孤立事物
是没有任何意义的。"只有运用这种方法，一种观念，一个
事实就会显示出矛盾关系，并显示出两个对立系列的结果，
从而得出一个预期中的新的综合观念。这就是由三段论和

归纳法的既对立又相结合而形成的新工具所遵循的普遍而变化无穷的原则。"① 这种重视经济事物之间的联系性和矛盾性的方法，使得蒲鲁东的方法超越了古典经济学家"事实就是真理"的实证视野，在一定意义上具有辩证法的色彩，所以马克思才认为"蒲鲁东是天生地倾向于辩证法"。

　　然而，倾向于辩证法与真正掌握辩证法是不同的，由于蒲鲁东"追求一种可用来先验地构想某种'解决社会问题'的公式的所谓'科学'，而不是去从对历史运动的批判的认识中，即对本身就产生了解放的物质条件的运动的批判的认识中得出科学"，② 所以蒲鲁东的系列辩证法就只是一种"追逐公式"的抽象方法，而不是通过经济关系体现出来的真实辩证法；是一种借用经济范畴作为棋子的形式化理论，而不是由经济问题展示出来的经济哲学；是一种与经济学处于外在关系的抽象哲学，而不是没有经济学就无法实现自身变革的哲学。在蒲鲁东那里，对黑格尔辩证法的改造，既没有促使他在辩证法领域实现一场变革，也没有促使他在经济学领域实现一场变革，倒是还没有自觉结合黑格尔辩证法的《什么是所有权》一书，成为了蒲鲁东"最好的著作"。就此而言，蒲鲁东的辩证法具有虚假性质，它只是在形式上体现出辩证法的某些特征，在内容上

---

① ［法］蒲鲁东：《贫困的哲学》，余叔通、王雪华译，北京：商务印书馆1998年版，第573页。
② 《马克思恩格斯文集》第3卷，北京：人民出版社2009年版，第20页。

仍然缺乏辩证法的实质规定性，而这一规定性只是在马克思的《资本论》当中才真正显示出来。

他们全都希望有竞争而没有竞争的悲惨后果。他们全都希望有一种不可能的事情，即希望有资产阶级的生活条件而没有这些条件的必然后果。

【论断】形而上学的方法总是幻想保留事物的优点、消除事物的缺点，而这是违反辩证法要求的。

蒲鲁东像资产者一样，在方法上所犯的错误是使用形而上学的方法对待现实的经济关系，而根本没有掌握辩证的方法。蒲鲁东错误的突出表现是面对经济关系的整体，只希望保留经济关系中符合人性和理想化的一面，而摒除经济关系中不符合人性和负面化的一面，这在现实中当然是无法实现的。例如蒲鲁东希望保留商品经济中的竞争状态，但是不要竞争所引起的贫富差距，这种臆想根本就违反了事物的客观规律，从而不可能实现。具体来说，商业竞争在人类历史上发挥着巨大的进步作用，这就是催生出人类未来自由发展所需要的物质基础和主观条件。尽管商业竞争是不以人的意志为转移的客观存在，商业竞争会导致很多人的公司破产、生活衰落，但是这种竞争关系能够激发起人的求胜心，能够以观念的动力推动生产力的迅速发展，竞争的关系要远比人对人的依赖性关系好得多。历史的整体发展以片面发展的形式进行，要使那种自由个性成为可能，原始人的丰富联系就不是一个可靠的基础和条件，因为那种联系只是在狭小的范围内和孤立的地点上发展着，而可靠的基础和条件只能表现为"普遍的社会物质变换、全面的关系、多方面的需要以及全面的能力的体系"。要实现这些进步，只能依赖建立在普遍竞争和普遍物化基础上的社会联系，这种联系在"产生出个人同自己和同别人相异化的普遍性的同时，也产生出个人关系和个人能力的普遍性和全面性"。[①]

　　与此同时，由于商业竞争完全撇开了各个生产当事人的癖性、爱好、家庭等特殊性因素，从而表现出一种内在的抽象同一尺度，即平等的尺度，因此社会成员就在无形中被教育要按照商业竞争的同一原则进行交换，这样交换就具有了平等、公平、正义的外观，因此以竞争为特色的社会联系能够获得社会成员的普遍认同，这就是商业竞争为现代社会带来的积极的主观条件。不过反过来说，如果把以竞争为特色的社会联系看成是全然符合人的个性、天然合理的联系也是不对的，马克思在写作《资本论》时仍然延续着早期所使用的一些概念，如"异化""异己"等，他仍然认为像商业竞争、贫富分化、按劳分配等因素对个人来说是"异己"的，其"异己"就在于这些因素仍然是一种独立于个人、支配着个人的意识和行为的社会力量，

[①]《马克思恩格斯文集》第8卷，北京：人民出版社2009年版，第56页。

这说明商业竞争仍然具有一种异己性，这种异己性表明：
"个人还处于创造自己的社会生活条件的过程中，而不是从
这种条件出发去开始他们的社会生活。"① 马克思的上述思
想构成了对蒲鲁东形而上学方法的批判，因为蒲鲁东总是
把经济范畴看成是正反合的序列，一个新出现的范畴总能
够消除前一个范畴所有的弊病而自己保留着历史的所有成
果，他没有看到任何事物的好坏两方面都是不可分割的，
如果消除了坏的方面，那么好的方面也会被取消。马克思
认为类似于商业竞争等资产阶级社会的因素，是具有丰富
意蕴的历史事物，不能以简单的善恶观和形而上学的思维
方式来考察，必须将其放在人类社会的整个发展历程中进
行考察。

　　进一步来说，蒲鲁东之所以总是幻想保留事物的优点、
消除事物的缺点，是因为他始终没有掌握辩证法这一方法
的实质和核心。辩证法的实质和核心是事物的对立统一关
系，即矛盾关系。这种矛盾关系既不是单纯的对立关系，
也不是单纯的统一关系，而是既对立又统一的关系，即在
事物各要素对立关系的基础上保持住统一，又是在事物各
要素统一关系的前提上分化为对立。就像商业竞争中的促进
生产和贫富分化的关系那样，这两者的关系是对立的——因
为它们方向相反、相互排斥，又是统一的——因为它们相

---

① 《马克思恩格斯文集》第 8 卷，北京：人民出版社 2009 年版，第 56 页。

互依存，一旦取消了贫富分化，就等于取消了商业竞争，那么促进生产也就不再存在。以上是对商业竞争的矛盾关系的辩证认识。然而，普鲁东在《贫困的哲学》一书中虽然构建起了一个关于经济关系的对立统一的范畴体系，在这一体系中蒲鲁东使得所有范畴看起来都具有一种相互之间的联系性和向前进展的矛盾性，并且分析了每一个范畴的好的方面和坏的方面，但是蒲鲁东的所谓辩证努力终究是表面的和失败的。蒲鲁东是怎么解决每个范畴的对立统一关系呢？保存好的方面，消除坏的方面。依靠什么来解决呢？依靠下一个范畴。这就是普鲁东关于范畴之矛盾关系的理解方式。在马克思看来，普鲁东的所谓矛盾是"从黑格尔的辩证法那里只借用了用语"而已，① 普鲁东的矛盾只不过是把黑格尔作为自身的对立统一的矛盾机械地划分为好坏两个方面——好坏只是矛盾之对立关系的一种形态，而且一旦如此机械地划分，那么好坏两个方面就一定会成为相互外在的两个事物，成为"一种无关紧要的对立，一种没有从它的能动关系上、它的内在关系上来理解的对立"，即还没有作为矛盾来理解的对立。作为对矛盾的处理方式，普鲁东的保存好的方面和消除坏的方面的做法再次确证了他对辩证法的外在化理解，因为只有在外在化的视域中，事物的矛盾关系才能被挑出哪些方面是好的、哪些

① 《马克思恩格斯文集》第 1 卷，北京：人民出版社 2009 年版，第 605 页。

方面是坏的，然后针对好的方面采取保存措施、针对坏的
方面采取消除措施，并且这两种措施是并行不悖、相互协
调的。普鲁东想不到的是，好的方面和坏的方面作为矛盾
关系的两方面，是不可能通过人为方式加以保存或消除的，
毋宁说，正是好的方面和坏的方面的对立和斗争，才是促
使矛盾运动起来、事物建立起来的主要力量，如果人为地
消除坏的方面，那么矛盾就会立即解体、事物就会立即崩
溃。马克思指出："封建的生产也有两个对抗的因素，人们
称为封建主义的好的方面和坏的方面，可是，却没想到结
果总是坏的方面压倒好的方面。正是坏的方面引起斗争，
产生形成历史的运动。"[1] 可以说，普鲁东在一本以"经济
矛盾"为主题的著作中，充分地暴露了非矛盾、非辩证法
的观点和方法。

　　他们全都不了解，资产阶级生产形式是一种历史的和
暂时的形式，也正像封建形式的情况一样。他们之所以犯
这个错误，是由于在他们看来作为资产者的人是一切社会
的唯一可能的基础，是由于他们不能想象会有这样一种社
会制度：在那里人不再是资产者。

　　【论断】蒲鲁东和资产者一样，他们之所以不了解资产
阶级生产形式的历史性，是因为他们把资产者看做是永恒

---

[1] 《马克思恩格斯文集》第 1 卷，北京：人民出版社 2009 年版，第 613 页。

的人性基础，即他们都是抽象人性论者。

马克思在这段话中指明了把资产阶级生产形式抽象化的人性论认识根源，即正是从认为作为资产者的人是一切人性的自然基础出发，才会得出适合于资产者人性的资产阶级生产形式是永恒的。因此，要破解资产阶级生产形式抽象化的观点，一个重要途径便是破除对资产者人性的抽象理解，而对资产者人性的抽象理解，在理论方法上又根源于抽象人性论。现在让我们从资产者的人性谈起。

资产者的人性具有丰富的表现形式，如勤劳勇敢、勇于冒险、工于算计、唯利是图等，其核心是理性的自私。西方多数经济学家认为人是追求效用最大化的理性自私人（理性经济人），市场经济的合理性和必然性只能建立在人性"自私"和"理性"的基础上，如果人生不"自私"和"理性"，人们都怀揣着一颗利他之心，或素朴的自私之心，那么社会层面的大规模交换行为就根本无法发生，市场经济也无法建立。尽管"理性自私人"观点受到很多质疑，很多经济学家也对此作了完善，如"有限理性""信息不对称"，但是"理性自私人"的内核——理性自私是人的永恒不变的人性，即资产者的人性，从未被古往今来的西方主流理论彻底改变过。理性自私人观点的经典表达是在斯密的《国富论》中，"人类几乎随时随地都需要同胞的协助，要想仅仅依赖他人的恩惠，那是一定不行的。他如果能够刺激他们的利己心，使有利于他，并告诉他们，给他做事，是对他们自己有利的，他要达到目的就容易得多了。……我们每天所需要的食料和饮料，不是出自屠夫、酿酒家或烙面师的恩惠，而是出自他们自利的打算。我们不说唤起他们利他心，而说唤起他们利己心的话。我们不说自己有需要，而说对他们有利。"① 请注意，斯密认为自私自利并不仅仅是卖东西的商人具有的天然品质，而且也是屠夫、酿酒家或烙面师等所有人的天然品质，正是因为所有人都具有自私自利之心，所以商人才能"唤起他们利己心"，从而隐蔽地实现自己的利己心。与一般的人性自私观不同，斯密的人性自私观是一种精致的理性自私观，因为嵌入了利他这一理性的遮羞布，自私利己的人性本质反而能够更加方便地实现出来。

　　客观来说，理性自私与市场经济中的现实人性更加契合，商人售卖东西时从来不说自己有赚钱的目的，而总是说这些东西有利于实现消费者的目的，广告兜售商品时也从来不提资本家的利润，而总是致力于展示商品对消费者的种种好处，正是由于人人都在追求对自己的好处——商人和资本家追求利润，消费者追求使用价值——所以交换行为才能生发出来，一个愿买，一个愿卖，每个人都是为了实现自己的利益而交换，市场经济就这样形成了。由此，

---

① ［英］斯密：《国民财富的性质与原因的研究》上卷，郭大力、王亚南译，北京：商务印书馆 1972 年版，第 13—14 页。

商品经济以及资产阶级生产形式正适合于资产者的人性模式。然而，人性自私观与人类社会的多个事实明显不符，我们尝试着加以推导：一、人性如果是自私的话，那么基于自私而生发的交换行为就会成为永恒，市场经济应当是人类有史以来唯一存在的经济形态，这与经济事实明显不符；二、人性如果是自私的话，那么基于自私就会发生无穷无尽的纷争，人类就会陷于自私的纷争而无法自拔，即使是解决自私引起的纷争也是出于自私，这与社会事实明显不符；三、人性如果自私的话，自私就会理所当然地成为人类历史的唯一的主题，人类历史上无数的含情脉脉、行侠仗义、舍生取义要么是虚假的，要么是自私的外在表现，这与历史事实明显不符；四、人性如果自私的话，那么所有表现出道德高尚的行为就不会产生，即使产生，也会被解释成为表面高尚、实质利己的虚伪，这与道德事实明显不符。不难发现，将人性设定在自私这一狭隘的观点上，虽然在一定程度上契合了资产阶级生产形式所表现的人性，却在更大程度上违背了人类历史的真实面貌，这是明显不可取的。但是，为什么蒲鲁东和很多资产者一样，还是坚定不移地秉持着资产者人性是理性自私的观点？

在人性这个问题的认识上，关键的问题不在于人性是什么，而是用什么方法去认识人性，运用不同的方法认识人性，就会得出截然不同的人性的观点，或者说截然不同的人性观点的背后，实质是认识方法的不同。把资产者人性当成是理性自私的人性，正是贯彻着抽象人性论的方法。这种方法默认一种永恒不变的人性的存在，即存在一种永恒不变的、自从人类诞生以来就不变化的，而且不随着时代背景和历史环境的变化而发生变化的人性。不管抽象人性被表达为自私人或无私人，抑或人性善或人性恶，其最终结果都是把现实的、活生生的人变成了抽象的人，把现实存在的丰富人性变成了单一永恒的抽象人性。试问：这种一成不变的抽象人性存在吗？当然不存在。就像太阳底下只有张三、李四、王五，而不存在一般的、抽象的人一样，从来只有具体的、活生生的人性，而不存在抽象的人性。蒲鲁东所说的资产者人性只是人类社会发展到一定程度、一定阶段后才会出现的历史性现象，它不是从来就有的，也不会永远地存在下去，但抽象人性论却将历史环境中的理性与自私当成了永恒不变的人性，这就把丰富多彩的人性给抽象化、永恒化了。而一旦这样做，那么建立在资产者理性自私的人性基础上的资产阶级生产形式，正因为不仅契合着资产者人性的理性和自私，而且以制度建制的形式激励、强化着资产者人性的理性和自私，所以资产阶级生产形式同样会被认为是抽象的、永恒的。

那么人性到底是怎样的？要回答这个问题，首先还是要解决认识人性的方法问题。与抽象人性论的方法相对的是具体人性论的方法，这正是马克思考察人性时采取的方法。具体人性论的方法是指具体地、全面地分析人性的各

方面因素的方法，即通常所说的具体问题具体分析。具体
人性论在考察人性问题时，既要分析人性在某一空间条件
中的表现，如日常和紧急、私人和公众场合的人性，也要
分析人性在某一时间过程中的表现，如历史、当下和未来
的人性的演变；既要展现出人性随着历史环境的变化而发
生改变的轨迹，如古代、现代乃至未来社会的人性，也要
揭示人性变化从而上演出人性大剧的多彩画面，如人性的
纠葛和反复、幽暗与希望。在马克思看来，人性"在其现
实性上，它是一切社会关系的总和"。① 马克思没有直接说
人性是善还是恶，而是说人性是"社会关系的总和"，这就
提示我们：人性并非单纯的自私自利等恶，也并非单纯的
利他向他等善，而是善恶交织、美丑叠合、真假混合的统
一体，是各种性质交错、各种状态交合的总和。当然马克
思这样说，并不是要给人性下定义，我们也不能将人性是
社会关系的总和看做是对人性的定义，马克思这样说的真
实意蕴在于：揭示人性本来具有的复杂内涵、提示人性考
察的正确路径。人性只能是历史中的人性、多重关系中的
人性，不能将人性中的某一个维度（善、恶或者别的什么）
固化为人性的核心，同时遮蔽了人性中其他丰富多彩的成
分，并从这个人性核心出发推演出某种所谓永恒的生产
形式。

---

① 《马克思恩格斯文集》第 1 卷，北京：人民出版社 2009 年版，第 501 页。

众所周知，马克思曾经对资产者人性做过非常尖锐的批评："资本来到世间，从头到脚，每个毛孔都滴着血和肮脏的东西。"① "原来的货币占有者作为资本家，昂首前行，劳动力占有者作为他的工人，尾随于后。一个笑容满面，雄心勃勃；一个战战兢兢，畏缩不前，像在市场上出卖了自己的皮一样，只有一个前途——让人家来鞣。"② 可以说，马克思作为批评资产者的最著名、最有影响的人物形象早已深入人心，这也是马克思著作连同马克思本人的思想长期处于西方国家边缘化位置的重要原因。然而，马克思提醒人们："我决不用玫瑰色描绘资本家和地主的面貌。不过这里涉及的人，只是经济范畴的人格化，是一定的阶级关系和利益的承担者。"③ 这就是说，资产者人性所表现的贪婪乃至罪恶只是"经济范畴的人格化"，是资本的增殖属性作用于具体个人——这里的具体个人就是某个资产者——从而在具体个人身上表现出来的特征，只不过看起来像是作为资产者的那些具体个人天生就具有贪婪的特性，实则不然。资产者的贪婪和罪恶本质上是资本的贪婪和罪恶，只不过必然表现于具体的资产者身上。因此，一贯对资产者秉持强烈批评态度的马克思说出了一句在一定意义上是为资产者减轻责任的话："同其他任何观点比起来，我的观

① 《马克思恩格斯文集》第 5 卷，北京：人民出版社 2009 年版，第 871 页。
② 《马克思恩格斯文集》第 5 卷，北京：人民出版社 2009 年版，第 205 页。
③ 《马克思恩格斯文集》第 5 卷，北京：人民出版社 2009 年版，第 10 页。

点是更不能要个人对这些关系负责的。"①其实，马克思是批评那些类似于蒲鲁东的从人性自私角度评价资产者的观点，这些观点由于秉持抽象人性论的方法，因此就会相应地得出建立在抽象人性论基础上的抽象的生产形式，从而走向了抽象的社会观，这是抽象人性论与抽象社会观之间的连贯线索。

马克思致约瑟夫·魏德迈

1852 年 3 月 5 日于伦敦

至于讲到我，无论是发现现代社会中有阶级存在或发现各阶级间的斗争，都不是我的功劳。在我以前很久，资产阶级历史编纂学家就已经叙述过阶级斗争的历史发展，资产阶级经济学家也已经对各个阶级作过经济上的分析。

【论断】资产阶级历史学家和经济学家早于马克思发现现代社会中的阶级和阶级斗争。

马克思给魏德迈写这封信时，魏德迈正在同卡尔·海因岑展开论战。海因岑"不仅否认阶级斗争，甚至否认阶

---

① 《马克思恩格斯文集》第 5 卷，北京：人民出版社 2009 年版，第 10 页。

级存在"，① 而魏德迈恰好持有相反观点，并驳斥了海因岑。马克思支持魏德迈的观点，称海因岑为"无知的蠢才"，大力赞赏魏德迈"驳斥海因岑的文章写得很好"，"文章写得既泼辣又细腻"。② 根据这封信的内容，马克思除了表达对魏德迈的赞赏，还为魏德迈提供了许多论战材料，阐述了自己对阶级和阶级斗争学说的新发现。在马克思看来，在研究阶级和阶级斗争之前，必须要弄清楚阶级和阶级斗争是否客观存在。马克思指出阶级和阶级斗争是客观存在的，在过去的各个历史时代，我们几乎到处都可以看到社会划分为各个不同的等级，看到社会地位分成多种多样的层次。为此，马克思并不认为发现阶级和阶级斗争是他自己的功劳，指出资产阶级历史编纂学家早在他之前就叙述过阶级斗争的历史发展，资产阶级经济学家早在他之前就对各个阶级作过经济上的分析。基于这样的认识，马克思建议魏德迈向那些否认阶级和阶级斗争存在的"先生们"提议，"先熟悉一下资产者的著作本身"，"研究一下例如梯叶里、基佐、约翰·威德等人的历史著作"，③ 去看看李嘉图的《政治经济学和赋税原理》。很显然，前人的阶级和阶级斗争学说对马克思产生了重要影响，马克思正是在这些阶级和阶级斗争学说的基础上阐述了自己的新发现。

---

① 《马克思恩格斯全集》第 49 卷，北京：人民出版社 2016 年版，第 79 页。
② 《马克思恩格斯全集》第 49 卷，北京：人民出版社 2016 年版，第 75 页。
③ 《马克思恩格斯全集》第 49 卷，北京：人民出版社 2016 年版，第 76 页。

资产阶级历史编纂学家早在马克思之前就叙述过阶级斗争的历史发展，马克思所提及的资产阶级历史编纂学家是指法国复辟时期的历史学家，如梯叶里、基佐和米涅等人。在当时的历史环境下，这些历史学家为了反对封建贵族的统治，适应资产阶级的政治需要，不得不承认阶级和阶级斗争，并借助阶级斗争来理解法国历史。正如列宁所言，"法国复辟时代就出现了这样一些历史学家（梯叶里、基佐、米涅、梯也尔），他们在总结当时的事变时，不能不承认阶级斗争是了解整个法国历史的锁钥。"① 梯叶里在《法国史信札》中既对被公众视为经典著作的几本法国历史书籍进行了严格审查，又对诸多历史问题和公社革命事业展开了直接而真诚的讨论。在梯叶里看来，一部真正的法国史，不能只偏爱历史上某些知名人物、具体事件，还要关注人民大众和各个阶层，所以梯叶里笔下的法国史包含着民族的分裂、家族的没落和人民的反抗等。米涅在《法国革命史》中借助阶级斗争说明法国历史。他把法国革命视作阶级之间的斗争，强调既然革命已势在必行，就什么也不能加以阻挡了，而且必将伴随着某种制度的胜利，"在革命的过程中旧社会被摧毁了；在帝国时期建立了新社会"。② 通过法国社会变革，他认识到阶级斗争是理解法国

---

① 《列宁全集》第 26 卷，北京：人民出版社 2017 年版，第 61 页。
② ［法］米涅：《法国革命史》，北京编译社译，北京：商务印书馆 1977 年版，第 2 页。

历史的钥匙。法国复辟时期历史学家的阶级和阶级斗争学说为资产阶级革命和资产阶级掌权制造了舆论，具有历史进步性。但在马克思看来，他们不懂得阶级的存在与生产发展的一定历史阶段相联系，他们不清楚阶级对立的经济根源与历史作用，仅把阶级斗争当作意识形态工具，当阶级斗争对他们有利时就承认它的存在，并且大肆宣扬，当阶级斗争对他们不利时就否认它的存在。在他们看到资产阶级的历史进步的同时，忽略了资产阶级对广大劳动人民进行剥削的事实，进而否认了无产阶级反对资产阶级斗争的合理性。

　　资产阶级经济学家早在马克思之前就对各个阶级作过经济上的分析，马克思所提及的资产阶级经济学家是指英法经济学家魁奈、斯密和李嘉图等人。资产阶级经济学家从经济学角度分析了社会各阶级及其斗争状况。马克思指出，李嘉图《政治经济学及赋税原理》的序言第一句话就提及了阶级划分。在这句话中，李嘉图把"土地所有者""耕种所需的资本的所有者"和"进行耕作的劳动者"视为资本主义社会的三个阶级。① 除此之外，魁奈、斯密等人的研究中也关涉诸多阶级和阶级斗争的问题。魁奈依据"纯产品"划分阶级，"主权者和人民决不能忘记土地是财富的

---

① ［英］彼罗·斯拉法主编：《李嘉图著作和通信集》第 1 卷，郭大力、王亚南译，北京：商务印书馆 2017 年版，第 1 页。

唯一源泉，只有农业能够增加财富"。① 这意味着只有农业能够生产出"纯产品"。魁奈依此把人划分为三个阶级，耕种土地而生产出"纯产品"的人为生产阶级，即租地农场主阶级；不耕种土地而从事工商业的人为不生产阶级；出租土地而以地租的形式把"纯产品"作为自己收入的人为土地所有者阶级。斯密依据生产资料的占有和获取收入的方式将资本主义社会中的人划分为工人、资本家和地主三个不同的阶级，并考察了三个阶级的收入情况和生存现状。由此可见，资产阶级经济学家深入生产领域，通过资本主义生产方式的内部考察阐述了资本主义社会内部的不同阶级。然而，资产阶级经济学家由于自身的阶级局限性，无法深刻认识到作为被剥削者的无产阶级与作为剥削者的资产阶级之间的阶级矛盾，进而忽视了无产阶级的阶级斗争，从而就看不到资本主义必然灭亡的趋势。

　　我所加上的新内容就是证明了下列几点：（1）阶级的存在仅仅同生产发展的一定历史阶段相联系；

　　【论断】马克思阶级斗争理论的第一个创新点表现为：阶级随着生产发展到一定历史阶段而产生，随着生产发展到更高历史阶段而消亡。

---

① ［法］《魁奈经济著作选集》，吴斐丹、张草纫选译，北京：商务印书馆2017 年版，第 364 页。

　　在这句话中，"阶级的存在"意指阶级的产生与消亡之间的阶段，阶级的存在同生产发展的一定历史阶段相联系意指阶级的产生与消亡同生产发展的一定历史阶段相联系，这就揭示出阶级存在的历史性和暂时性。马克思指出："物质生活的生产方式制约着整个社会生活、政治生活和精神生活的过程。"① 马克思始终联系生产的发展阶段来看待阶级的产生与消亡问题。关于阶级的产生，恩格斯在《家庭、私有制和国家的起源》中有过详细的论述："这些阶级是怎样产生的呢？初看起来，那种从前是封建的大土地占有制的起源，还可以（至少首先可以）归于政治原因，归于暴力掠夺，但是对于资产阶级和无产阶级，这就说不通了。在这里，显而易见，这两大阶级的起源和发展是由于纯粹经济的原因。"② 紧接着，恩格斯继续说："资产阶级和无产阶级这两个阶级是由于经济关系发生变化，确切地说，是由于生产方式发生变化而产生的。最初是从行会手工业到工场手工业的过渡，随后又是从工场手工业到使用蒸汽和机器的大工业的过渡，使这两个阶级发展起来了。"③ 从恩格斯对阶级产生与发展的论述来看，阶级的产生离不开生产的发展，而且阶级是生产发展到一定历史阶段的产物。按照恩格斯的观点，这一历史阶段还是生产不大发展的历

---

① 《马克思恩格斯文集》第 2 卷，北京：人民出版社 2009 年版，第 591 页。
② 《马克思恩格斯文集》第 4 卷，北京：人民出版社 2009 年版，第 305 页。
③ 《马克思恩格斯文集》第 4 卷，北京：人民出版社 2009 年版，第 305 页。

史阶段，因为"社会分裂为剥削阶级和被剥削阶级、统治阶级和被压迫阶级，是以前生产不大发展的必然结果"。①

阶级在生产发展的一定历史阶段产生，也必然会随着生产发展到更高历史阶段而消亡。针对阶级的消亡，马克思在《共产党宣言》中有这样一段论述："如果说无产阶级在反对资产阶级的斗争中一定要联合为阶级，通过革命使自己成为统治阶级，并以统治阶级的资格用暴力消灭旧的生产关系，那么它在消灭这种生产关系的同时，也就消灭了阶级对立的存在条件，消灭了阶级本身的存在条件，从而消灭了它自己这个阶级的统治。"② 在马克思看来，资本主义的生产为资产阶级生产出"掘墓人"，资产阶级的灭亡是不可避免的，无产阶级必然推翻资产阶级的统治而上升为统治阶级，再利用自己的政治统治，一步步夺取资产阶级的全部资本，把一切生产工具集中于自己手里。这表明，随着资本主义生产的发展，无产阶级最终会推翻资产阶级的统治上升为统治阶级，无产阶级上升为统治阶级后要逐步消灭旧的生产关系，而旧的生产关系的消灭也就意味着阶级对立和阶级本身的消灭。依循马克思的论证逻辑，当生产发展到更高历史阶段，无产阶级必然会消灭其他阶级的存在条件和自身的存在条件。最终，人类社会将进入无

---

① 《马克思恩格斯文集》第 9 卷，北京：人民出版社 2009 年版，第 298 页。
② 《马克思恩格斯文集》第 2 卷，北京：人民出版社 2009 年版，第 53 页。

阶级社会。"到那时，阶级差别和各种特权才会随着它们赖以存在的经济基础一同消失"。① 在这种意义上，阶级的产生与消亡都是生产发展的必然结果。

（2）阶级斗争必然导致无产阶级专政；

【论断】马克思阶级斗争理论的第二个创新点表现为：无产阶级反对资产阶级的阶级斗争必然导致无产阶级专政。

这句话揭示了无产阶级反对资产阶级的阶级斗争的客观存在性，以及无产阶级反对资产阶级的阶级斗争所导致的必然结果——无产阶级专政。马克思指出，"在过去的各个历史时代，我们几乎到处都可以看到社会完全划分为各个不同的等级，看到社会地位分成多种多样的层次。"② 在资本主义时代，我们可以看到整个社会划分为两大对立的阶级，即无产阶级和资产阶级。存在阶级的地方就存在阶级斗争，阶级的区分必然会引起阶级之间的斗争，这就意味着无产阶级反对资产阶级的阶级斗争是历史发展的必然趋势。基于此，马克思批判了空想社会主义者，因为他们反对无产阶级与资产阶级之间的阶级斗争，拒绝一切政治行动，特别是一切革命行动。"他们想通过和平的途径达到自己的目的，并且企图通过一些小型的、当然不会成功的

---

① 《马克思恩格斯文集》第 3 卷，北京：人民出版社 2009 年版，第 233 页。
② 《马克思恩格斯文集》第 2 卷，北京：人民出版社 2009 年版，第 31 页。

试验，通过示范的力量来为新的社会福音开辟道路"。① 在马克思看来，这些都是超乎阶级斗争的幻想。随着阶级斗争的发展及其表现形态的变化，这些幻想就越来越失去实践意义和理论根据。

阶级斗争的根源在于阶级利益，尤其是经济利益的根本对立，这种根本对立是由生产资料所有制决定的。某一阶级对生产资料的占有与否直接决定了这个阶级的压迫与被压迫、剥削与被剥削地位。在资本主义社会，资本主义私有制决定了无产阶级与资产阶级的根本对立，决定了资产阶级的压迫与剥削的地位、无产阶级的被压迫与被剥削的地位。为了同资产阶级相对抗，无产阶级就日益团结在"革命的社会主义"周围，"这种社会主义就是宣布不断革命，就是无产阶级的阶级专政"。② 换言之，无产阶级要通过暴力革命的方式反对资产阶级专政，而反对资产阶级专政的目的是建立无产阶级专政。无产阶级专政是无产阶级反对资产阶级的阶级斗争的必然结果。无产阶级专政代表着无产阶级上升为统治阶级，不再受资产阶级的剥削和压迫，为自身争得了民主。需要注意的是，实行无产阶级专政并不是无产阶级斗争的最终目的，无产阶级专政只是作为实现废除阶级、走向无阶级社会的过渡。只有当无产阶

① 《马克思恩格斯文集》第2卷，北京：人民出版社2009年版，第63页。
② 《马克思恩格斯文集》第2卷，北京：人民出版社2009年版，第166页。

级以统治阶级的资格用暴力消灭资本主义私有制的同时，才会消灭阶级斗争的存在条件，消灭阶级本身的存在条件，而阶级和阶级斗争的消灭则意味着人类社会已进入无阶级社会。

（3）这个专政不过是达到消灭一切阶级和进入无阶级社会的过渡……

【论断】马克思阶级斗争理论的第三个创新点表现为：无产阶级专政不是人类社会的归宿，它只不过是人类社会进入无阶级社会的手段。

"这个专政"指上文提到的"阶级斗争必然导致的无产阶级专政"。在这句话中，马克思既揭示了人类社会发展的光明前景，又指明了无产阶级专政的伟大历史作用。马克思的无产阶级专政理论是根据 1848 年欧洲革命的经验总结而来的。1848 年 2 月，法国无产阶级联合资产阶级同王权进行战斗，并取得了二月革命的胜利。但法国无产阶级在革命取得胜利后将国家政权交给了资产阶级，资产阶级夺取政权后却将枪口对准无产阶级，对无产阶级进行了大屠杀。为此，马克思得出结论：无产阶级不能把国家政权交于资产阶级手中，无产阶级要得到解放，必须"推翻资产阶级！工人阶级专政！"① 在这里，马克思明确指出无产阶

---

① 《马克思恩格斯文集》第 2 卷，北京：人民出版社 2009 年版，第 104 页。

级要以暴力革命打碎资产阶级国家机器，才能建立无产阶级专政。

马克思指出，虽然无产阶级把资产阶级国家机器打碎了，但资产阶级仍然存在，必然会反抗无产阶级。无产阶级必须建立无产阶级专政，利用阶级专政巩固革命成果，利用阶级专政为人类进入无阶级社会奠定基础。在马克思看来，人类社会必将进入无阶级社会，无产阶级专政只是人类社会由存在阶级和阶级对立的资产阶级旧社会进入无阶级社会的过渡阶段，是为进入无阶级社会奠定基础的阶段。人类社会要进入无阶级社会，无产阶级专政所要解决的核心历史任务就是"消灭一切阶级差别"。阶级是生产发展的产物，阶级差别也只有生产充分发展的时候才能消灭。无产阶级专政就是要一步步地夺取资产阶级的全部资本，把一切生产工具集中在自己手中，并且尽可能快地增加生产力的总量，为消灭阶级和阶级差别创造物质条件。要"消灭一切阶级差别"，就必须"消灭这些差别所由产生的一切生产关系"，"消灭和这些生产关系相适应的一切社会关系"，"改变由这些社会关系产生出来的一切观念"。也就是说，无产阶级专政的历史任务还包括消灭旧的一切生产关系，消灭在旧的生产关系基础上形成的社会关系，改变由这些社会关系产生出来的社会意识。当这些历史任务完成了，阶级本身就消灭了，阶级差别就消灭了。代替那存在着阶级和阶级对立的资产阶级旧社会的，将是无阶级社会。在马克思看来，无阶级社会"是这样一个联合体，在那里，每个人的自由发展是一切人的自由发展的条件"。①

马克思致路德维希·库格曼

1868 年 3 月 6 日于伦敦

黑格尔的辩证法是一切辩证法的基本形式。

【论断】黑格尔辩证法是具有普遍性意义的辩证法，是作为事物底层逻辑的辩证法。

西方的辩证法思想最早可以追溯到古希腊时期，是哲学家们在思考世界本原的过程中归纳出的分析方法。辩证法思想的最初形式是以赫拉克利特为代表的朴素辩证法，通过对自然领域和社会领域的现象进行归纳分析，致力于发现事物之间的对立统一关系。朴素辩证法是自发的、肤浅的辩证法，只是对现实世界的单纯直观，并未从现象深入到本质。爱利亚学派的芝诺被视为"辩证法的创始者"，②他通过客观辩证地考察运动，发现了运动本身所存在的矛

---

① 《马克思恩格斯文集》第 2 卷，北京：人民出版社 2009 年版，第 53 页。
② ［德］黑格尔：《哲学史讲演录》第 1 卷，贺麟等译，北京：商务印书馆 1983 年版，第 272 页。

盾，使辩证法具有了一定的客观性，从而对辩证法的揭示和发现起到了积极作用。辩证法思想自从古希腊哲学家阐述以来，就得到了后世众多哲学家的关注和重视，被广泛应用于辩论活动和学术研究中，并成为了思维逻辑谱系中不可或缺的重要方法。

黑格尔正是在承袭前人辩证法思想的基础上，创立了自己的辩证法思想。黑格尔的辩证法是从批判形式逻辑开始的。在黑格尔看来，形式逻辑是撇开了具体内容的外在思维方式，无法反映思维的运动过程，也无法认识到具体真理。因此，黑格尔希望对形式逻辑进行改造，来建立新的"思辨逻辑"。黑格尔通过对事物的存在和过程进行客观考察，提出"同一本身就是绝对的非同一"，① 发现了事物内在的矛盾和差异，进而否定了形式逻辑的抽象同一性。"天地间绝没有任何事物，我们不能也不必在它里面指出矛盾和相反的规定。"② 矛盾具有普遍性，存在于一切事物之中。黑格尔进一步指出："既然两个对立面每一个都在自身那里包含着另一个，没有这一方也就不可能设想另一方，那末，其结果就是：这些规定，单独看来都没有真理，唯有它们的统一才有真理。这是对它们真正的、辩证的看法，

---

① ［德］黑格尔：《逻辑学》（下卷），杨一之译，北京：商务印书馆1982年版，第32页。
② ［德］黑格尔：《小逻辑》，贺麟译，北京：商务印书馆1996年版，第200页。

也是它们真正的结果。"① 黑格尔在这里不仅指出了事物内部相互对立的趋势，还发现了事物内在的辩证统一。事物的发展就是对立统一的辩证过程，对立的双方在相互联系、相互依存中获得自身本质的规定。此处的对立统一就是矛盾，矛盾在事物中的作用得以显现。基于此，黑格尔认为哲学的任务就在于思考事物的矛盾及其特点，"认识矛盾并且认识对象的这种矛盾特性就是哲学思考的本质"。② 矛盾是黑格尔辩证法的精髓，是认识和把握事物发展的关键。黑格尔正是以矛盾为核心，构建起了系统完备的辩证法体系。

黑格尔的辩证法并未止步于对事物内在矛盾的揭示，还分析了矛盾对事物发展的作用过程。"正题—反题—合题"的三段论正是对这一作用过程的集中概括，显现了事物在不同发展阶段的状态与趋势。一个命题（正题）必然会派生它的对立面（反题），二者相互对立，只有通过扬弃的方式达到统一，形成合题。在这一形式中，"正题"与"反题"是相互对立的，通过"合题"达到统一。合题不是简单的否定，而是"扬弃"。所谓"扬弃"，就是新事物对旧事物的抛弃与保留、克服又继承的过程，其目的在于推

---

① ［德］黑格尔：《逻辑学》（上卷），杨一之译，北京：商务印书馆 1982 年版，第 208 页。

② ［德］黑格尔：《小逻辑》，贺麟译，北京：商务印书馆 1996 年版，第 132 页。

动旧事物向新事物转变。所以，黑格尔辩证法是一种既肯定又否定，既建构又瓦解的逻辑，把握住了事物对立统一的基本特征，通过"扬弃"来推动事物的发展。恩格斯在《反杜林论》中指出："黑格尔第一次——这是他的伟大功绩——把整个自然的、历史的和精神的世界描写为一个过程，即把它描写为处在不断的运动、变化、转变和发展中，并企图揭示这种运动和发展的内在联系"。① 也就是说，黑格尔在自然、社会和思维等领域坚持了辩证法，发现了事物运动、变化和发展的趋势。正是黑格尔的辩证法对事物发展的客观性的把握，为马克思主义唯物辩证法的产生奠定了基础。

黑格尔的辩证法是具有普遍意义的辩证法，把握住了事物发展的普遍规律。"辩证法是现实世界中一切运动、一切生命、一切事业的推动原则。"② 辩证法在黑格尔那里成为了适用于现实世界的普遍方法。而矛盾是黑格尔辩证法的核心和精髓，也是其辩证法体系的逻辑起点。矛盾具有普遍性，存在于一切事物之中，不存在无矛盾的事物。同时，黑格尔的辩证法也揭示出了事物发展的普遍性。世间万物不是永恒存在、持久不变的，都会随着矛盾的转化不断地运动、变化和发展。因此，黑格尔的辩证法是具有普

---

① 《马克思恩格斯文集》第 9 卷，北京：人民出版社 2009 年版，第 26 页。
② ［德］黑格尔：《小逻辑》，贺麟译，北京：商务印书馆 1996 年版，第 177 页。

遍意义的辩证法。当然，黑格尔辩证法更是作为事物底层逻辑的辩证法，也就是反映事物本质的辩证法。黑格尔辩证法不是停留于对事物表面的分析，而是对事物本质的把握。一方面，黑格尔指出："事物之所以有生命，只是因为它自身包含矛盾，并且诚然是把矛盾在自身中把握和保持住的力量。"① 在黑格尔看来，事物之所以存在，是它本身所固有的矛盾决定的。另一方面，黑格尔也主张："矛盾是推动整个世界的原则。"② 矛盾是推动事物发展的源泉和动力，正是在矛盾的普遍力量的推动下，事物才能不断地运动、变化和发展。而事物运动、变化和发展的必然性，正是对事物本质的揭示。正是在这种意义上，黑格尔的辩证法是反映事物本质的辩证法。

（黑格尔的辩证法是一切辩证法的基本形式，）但是，只有在剥去它的神秘的形式之后才是这样，而这恰好就是我的方法的特点。

【论断】剥去黑格尔辩证法的神秘形式，才能够显示出马克思的辩证法的特点。

马克思与黑格尔之间存在着师承关系，马克思哲学思

---

① ［德］黑格尔：《逻辑学》（下卷），杨一之译，北京：商务印书馆1982年版，第67页。
② ［德］黑格尔：《小逻辑》，贺麟译，北京：商务印书馆1996年版，第258页。

想带有一定的黑格尔哲学印记。一方面，这种印记体现在哲学术语的运用上，如黑格尔哲学中的矛盾、规定、否定等术语，都在马克思的哲学思想中得到沿用和发展。另一方面，这种印记更体现在思维逻辑的连接上，而辩证法正是连接二者思维逻辑的桥梁。马克思承认自己是"这位大思想家的学生"，充分肯定了黑格尔对辩证法的理论贡献。在黑格尔之前，哲学家们往往习惯用孤立、片面、静止的眼光去看待事物，否认事物存在矛盾，也看不到事物不断运动、变化和发展的趋势。而黑格尔辩证法思想的重要功绩就在于，通过对事物矛盾的分析和揭示，发现了自然、社会和思维的不断运动、变化和发展的过程，从而"推翻了一切关于最终的绝对真理和与之相应的绝对的人类状态的观念"。① 可见，黑格尔"第一个全面地有意识地叙述了辩证法的一般运动形式"，② 通过揭示事物本身的内在矛盾，深刻说明了事物不断运动、变化、发展的必然性。在辩证法面前，没有绝对、永恒的东西，只有不断发展的事物。所以，事物运动发展的动力源于事物内在的矛盾，这就是黑格尔辩证法的基本形式。

　　虽然马克思的唯物辩证法承袭了黑格尔辩证法的基本形式，但是马克思反对将这一形式神秘化，主张对黑格尔

---

① 《马克思恩格斯文集》第 4 卷，北京：人民出版社 2009 年版，第 270 页。
② 《马克思恩格斯文集》第 5 卷，北京：人民出版社 2009 年版，第 22 页。

唯心主义的辩证法进行批判性改造。黑格尔辩证法的"神秘形式",就是将世界运动、变化和发展的过程看作是绝对精神的外在展开。依据黑格尔的定义,绝对精神是"独立存在、囊括一切、惟一的"宇宙本原,是推动整个世界发展的根本动力,而辩证法只不过是绝对精神的自我运动。在黑格尔那里,思维过程"是现实事物的创造主,而现实事物只是思维过程的外部表现",① 现实事物不断运动、变化、发展的过程,只不过是思维过程的外在表现而已。因此,现实事物完全沦为了思维过程的附庸,不再具有独立地位。而在马克思看来,他的辩证法与黑格尔的辩证法截然相反。"观念的东西不外是移入人的头脑并在人的头脑中改造过的物质的东西而已。"② 不是意识决定物质,而是物质决定意识。马克思立足于唯物主义立场,揭示出辩证法实质上是客观世界所固有的规律,而人通过思维对客观世界的运动规律进行概括和总结,形成了主观辩证法。辩证法是客观辩证法和主观辩证法的统一,主观辩证法是客观辩证法的反映。马克思通过批判黑格尔的唯心主义,将辩证法从其神秘的哲学体系中解放出来,并将其与唯物主义有机结合,创立了唯物辩证法,从而开辟了辩证法历史上的新起点。

---

① 《马克思恩格斯文集》第 5 卷,北京:人民出版社 2009 年版,第 22 页。
② 《马克思恩格斯文集》第 5 卷,北京:人民出版社 2009 年版,第 22 页。

　　黑格尔的辩证法虽然被窒息于唯心主义体系之下，但并不妨碍它对认识历史发展过程的积极价值。"黑格尔的思维方式不同于所有其他哲学家的地方，就是他的思维方式有巨大的历史感做基础。"① 辩证法是黑格尔不同于其他哲学家的重要方面，他把握住了事物不断运动、变化和发展的过程，一旦将辩证法运用到历史领域，就体现出一种进步主义的历史观。"'理性'是世界的主宰，世界历史因此是一个合理的过程。"② 历史不再是非理性的、无目的的、紊乱的过程，而是合乎"理性"的过程。"世界历史无非是'自由'意识的进展，这一种进展是我们必须在它的必然性中加以认识的。"③ 在黑格尔看来，人类历史就是自由不断发展的过程，而且这一过程是不可抗拒的必然趋势。当然，黑格尔认为是观念（世界精神）支配着人类历史发展的过程，并没有科学揭示人类历史发展的真正动力，而马克思完成了这一工作。马克思将唯物主义和辩证法结合起来去考察社会历史现象，揭示了人类历史的发展规律，创立了历史唯物主义。一方面，人类历史的发展遵循着否定之否定的辩证逻辑，不断从低级阶段向高级阶段演进。在历史

---

① 《马克思恩格斯文集》第 2 卷，北京：人民出版社 2009 年版，第 602 页。
② ［德］黑格尔：《历史哲学》，王造时译，上海书店出版社 2001 年版，第 8 页。
③ ［德］黑格尔：《历史哲学》，王造时译，上海书店出版社 2001 年版，第 19 页。

唯物主义的视域下，人类历史的发展呈现出波浪式前进、螺旋式上升的过程。另一方面，人类历史的发展动力并不是"世界精神"，而是人类社会固有的基本矛盾，即生产力和生产关系、经济基础和上层建筑的矛盾运动推动着人类社会的发展。因此，历史唯物主义超越了黑格尔的唯心史观，把握住人类历史发展的客观规律，从而为科学分析人类社会提供了方法论指导。

马克思致约瑟夫·狄慈根

1868 年 5 月 9 日于伦敦

一旦我卸下经济负担，我就要写《辩证法》。辩证法的真正规律在黑格尔那里已经有了，当然是具有神秘的形式。必须去除这种形式。

【论断】去除黑格尔辩证法的神秘形式，才能够展现出辩证法的真正规律。

辩证法是马克思哲学的核心方法，也是连接马克思与黑格尔的重要思想线索，要完整把握马克思的辩证法思想，就需要回到黑格尔哲学中去。马克思对待黑格尔辩证法的基本态度是：一是对积极层面的肯定，二是对消极层面的批判。马克思肯定黑格尔第一次发现了辩证法的真正规律，指出辩证法作为人类思维逻辑的重要方法，其真正规律在黑格尔哲学中得到系统阐述。黑格尔的辩证法以矛盾为起点，分析事物运动、变化和发展的过程。按照黑格尔的思路，事物本身是对立统一的，事物内部的矛盾推动着事物的发展。为了更加形象地描述这一过程，黑格尔运用"正题—反题—合题"的三段论来阐明事物不断运动、变化和发展的趋势。从矛盾作用于事物的过程来看，辩证法的真正规律就是对现存事物的肯定理解包含着对事物的否定理解，通过扬弃不断推动事物的发展。因此，黑格尔的辩证法以矛盾性和否定性为核心，揭示了辩证法的真正规律。

黑格尔对辩证法真正规律的揭示，对人们认识世界具有重要意义。黑格尔的辩证法看到了事物发展的必然性，只是从暂时性去理解现存事物，"彻底否定了关于人的思维和行动的一切结果具有最终性质的看法"。① 黑格尔运用发展、变化的眼光去看待现存事物，否认了任何事物存在最终目的和最高阶段，从而在一定程度上破除了人们观念中的教条主义，促使人们不断推动现实世界的发展。马克思继承了黑格尔对辩证法基本规律的规定，并将其作为唯物辩证法的重要内容。马克思在《资本论》第二版跋中就概述了辩证法的本质，"辩证法不崇拜任何东西，按其本质来

---

① 《马克思恩格斯文集》第 4 卷，北京：人民出版社 2009 年版，第 269 页。

说，它是批判的和革命的。"① 辩证法之所以不崇拜任何东西，就在于它始终运用发展的眼光去看待事物，任何事物都具有产生、发展和灭亡的历史，会随着存在条件的变化而变化。所以，批判性和革命性是马克思和黑格尔辩证法思想的共通之处。

马克思认识到黑格尔虽然发现了辩证法的真正规律，但却将其窒息于客观唯心主义的哲学体系之下。黑格尔是德国唯心主义的集大成者，建构起了以"绝对精神"为核心的哲学体系。在黑格尔哲学中，绝对精神是客观存在的宇宙精神，是世界万物的内在本质和核心。绝对精神是先于自然界和人类社会的永恒存在的实体，通过自我演化创造了世间万物。而自然界和人类社会的发展，也只是向绝对精神复归的过程。由此可见，自然界和人类社会只是绝对精神自我演变的某一环节，绝对精神作为普遍的本质和目的，一切矛盾都在它那里得以完美解决，而辩证法就在绝对精神的自我演变中体现出来。因此，黑格尔的辩证法只是绝对精神的辩证法，是一种观念的辩证法。黑格尔的唯心主义哲学体系是同辩证法的基本规律相矛盾的，它使辩证法成为了纯粹观念的运动，辩证法的革命方面被"绝对精神"的哲学体系所遮蔽。所以在马克思看来，黑格尔的辩证法是"倒立着的"，"必须把它倒过来，以便发现神

---

① 《马克思恩格斯文集》第 5 卷，北京：人民出版社 2009 年版，第 22 页。

秘外壳中的合理内核"。① 马克思通过批判黑格尔唯心主义的哲学体系，把辩证法从神秘形式中拯救出来，使其站立在唯物主义的基础之上。

马克思致路德维希·库格曼

1868 年 7 月 11 日于伦敦

任何一个民族，如果停止劳动，不用说一年，就是几个星期，也要灭亡，这是每一个小孩子都知道的。

【论断】劳动是人类社会存在与发展的基础，这一常识是每一个小孩子都知道的事情。

劳动创造人本身和人类社会。马克思认为，人与动物都是自然存在物，但人通过劳动证明自己是类存在物，进而使自己从动物界区别出来。人是类存在物这一点意味着人不同于动物来进行生产。动物只是按照它所属的那个种的尺度和需要来生产，而人却懂得按照任何一个种的尺度来生产，并且懂得按照"美的规律"来生产。这样，人在生产中改变着自然界，同时也改变着自身。从这种意义上

---

① 《马克思恩格斯文集》第 5 卷，北京：人民出版社 2009 年版，第 22 页。

来说，"劳动创造了人本身"。① 而且，人们在生产中必然会发生一定的联系和关系。这样，人通过劳动将自身与动物区别开来，也将自身与他人联系起来。人们在劳动中结成一定的社会关系，这些社会关系把人们联系成整体，从而形成人类社会。从这种意义上来说，劳动创造了人类社会。

劳动为人类的生存与生活创造物质资料和精神资料。马克思认为，人们为了生活，首先需要吃喝住穿以及其他一些东西。但是，自然界中能够直接满足这些需要的物质资料非常稀少，大部分需要通过劳动将自然之物转换成人类需要之物。因此单就为了生活，人们每日每时都要从事物质生产活动，生产满足这些需要的物质资料。人们在满足基本的物质需要后，会产生出精神发展的需要，这就需要一定的精神资料，精神资料也是人类生活的必需品。精神资料的生产离不开劳动，而且最初是直接与人们的物质生产活动交织在一起的。在马克思看来，"精神"一开始就受到"物质"的纠缠，因此"一切其他的活动，如精神活动、政治活动、宗教活动等都取决于它"，② 即物质生产活动。这样，物质生产活动产生出精神形式，例如意识、语言和文化等。

劳动是理解人类社会发展史的钥匙。人类社会发展史

---

① 《马克思恩格斯文集》第 9 卷，北京：人民出版社 2009 年版，第 550 页。

② 《马克思恩格斯文集》第 1 卷，北京：人民出版社 2009 年版，第 575 页。

从本质上看是劳动发展史，人类社会的发展只不过是劳动
的展开和深化。劳动为人类的生存与生活提供劳动产品的
同时，也生产出人与人之间的社会关系。在社会关系中，
最基本的就是人与人之间的生产关系，生产关系决定着其
他一切社会关系。所以，生产关系是劳动生产出来的，也
要随着劳动的发展而变化。在马克思看来，决定社会形态
的是经济基础，即生产关系的总和。而生产关系又是由生
产力状况决定的。生产力与生产关系作为社会基本矛盾，
推动着人类社会的发展。基于此，马克思强调人类社会的
发展是客观的物质活动过程，这一过程就像自然史的过程
一样，不以人的意志为转移。劳动是人类社会发展的基础，
离开了劳动就无法理解人类社会发展史。

　　要想得到与各种不同的需要量相适应的产品量，就要
付出各种不同的和一定量的社会总劳动量。

　　【论断】产品量与人们的需要量相适应，而产品量源自
一定的社会总劳动量。

　　马克思把一定时期内人们需要的劳动产品称为社会产
品，把人们需要的劳动产品的数量称为社会产品量，社会
产品量是与人们的需要量相适应的。而"由经验确定的一
定的产品量，现在只不过代表一定量的劳动，代表一定量
凝固的劳动时间。它们只是一小时、两小时、一天的社会

劳动的化身"。① 也就是说，社会产品量是社会劳动创造出来的产品量。社会劳动是指社会化的劳动，是指一个社会全部个体劳动的集合，其实质就是人们使用劳动资料改变劳动对象，使之符合自身需要的有目的的活动。马克思把人们付出的社会劳动的总量称为社会总劳动量。在这句话中，马克思揭示了社会需要量、社会产品量与社会总劳动量之间的关系。在马克思看来，社会产品量、社会总劳动量取决于人们的需要量，"如果说个别商品的使用价值取决于该商品是否满足一种需要，那么，社会产品量的使用价值就取决于这个量是否符合社会对每种特殊产品的量上一定的需要，从而劳动是否根据这种量上一定的社会需要按比例地分配在不同的生产领域。"② "在这里，社会需要，即社会规模的使用价值，对于社会总劳动时间分别用在各个特殊生产领域的份额来说，是有决定意义的。"③

在人们对劳动产品的需要量相对固定的阶段，要想得到与人们的需要量相适应的社会产品量，就要付出一定量的社会总劳动量。一定量的社会总劳动量是根据与人们相对固定的需求量相适应的社会总产品量来定的。换言之，在一定时期内，付出的一定量的社会总劳动能够生产出适当的社会产品量，社会产品量适应于这一时期人们相对稳

① 《马克思恩格斯文集》第5卷，北京：人民出版社2009年版，第221页。
② 《马克思恩格斯文集》第7卷，北京：人民出版社2009年版，第716页。
③ 《马克思恩格斯文集》第7卷，北京：人民出版社2009年版，第716页。

定的劳动产品的需要量。否则，就会出现劳动产品过少而无法满足人们的需求或者劳动产品过剩而超出人们的需求的情况，进而引起社会的混乱。付出一定量的社会总劳动量，也就是付出一定量的劳动力和生产资料，把一定量的劳动力和生产资料投入相关生产部门，由其生产出与人们相对固定的需求量相适应的社会产品量，达到供给与需求的平衡，保证人们生产与生活的正常运行。然而，人们的需要量是极易发生变化的，因此想要得到与各种不同的需要量相适应的社会产品量，就要付出各种不同的社会总劳动量。这里的"各种不同"是相对于固定而言的，如果人们对劳动产品的需要量发生了变化，社会产品量就会发生变化，付出的社会总劳动量自然也会发生变化。发生变化后所要达到的最终状态是：变化后的社会总劳动量生产出来的社会产品量一定要适应当前人们对劳动产品的需要量。这就表明，当人们对劳动产品的需要量发生变化时，要通过调节社会总劳动量生产出相适应的社会产品量来达到供给与需求的平衡，进而保证人们生产与生活的正常运行。

这种按一定比例分配社会劳动的必要性，决不可能被社会生产的一定形式所取消，而可能改变的只是它的表现方式，这是不言而喻的。自然规律是根本不能取消的。在不同的历史条件下能够发生变化的，只是这些规律借以实现的形式。

【论断】按照一定比例分配社会劳动是任何社会生产的客观规律，而这一客观规律在不同历史条件下借以实现的形式是不同的。

在所有时代、所有社会里，要想得到与各种不同的需要量相适应的产品量，就要付出各种不同的和一定量的社会总劳动量。那么关键的问题是社会劳动如何进行分配？马克思指出社会劳动要按一定比例进行分配，而且把按一定比例分配社会劳动视作自然规律，强调任何社会生产都要遵循这一规律。遵循按一定比例分配社会劳动的规律，一是能够满足不同历史时期内人们对劳动产品的相对需要量，避免因劳动产品匮乏或过剩引起社会混乱，进而保证社会有序且健康发展；二是能够满足不同历史时期内人们对劳动产品的多样性需要，保障人们的生产与生活，促进人们才能的发挥，进而推动社会发展。这也就意味着按一定比例分配社会劳动是不可能被社会生产的一定形式所取消的。与此同时，马克思还看到了"不变"中的"变"，认为尽管按一定比例分配社会劳动的规律不可能被取消，但这一规律借以实现的形式是能够发生变化的。为此，马克思的任务就是要揭示这一规律得以实现的社会形式。

在前资本主义社会，每个个体的劳动天然地、直接地作为社会劳动的一部分，劳动形式是一种直接的社会劳动形式，私人劳动同时就是社会劳动，只不过这里的社会劳动还是一种自然性质的劳动，而不是社会化的劳动。用马克思的话说："在这里，劳动的自然形式，劳动的特殊性是劳动的直接社会形式，而不是像在商品生产基础上那样，劳动的一般性是劳动的直接社会形式。"① 这表明，在整个社会生产中，社会劳动是自然的分配。但是限于生产条件，社会劳动的自然分配方式下的社会生产会出现生产不足的现象，这是社会劳动分配在社会发展之初必然存在的现象。

在资本主义社会，个体劳动转化为社会劳动需要借助交换的体系，社会劳动的分配需要"物"来完成。"在社会劳动的联系体现为个人劳动产品的私人交换的社会制度下，这种按比例分配劳动所借以实现的形式，正是这些产品的交换价值。"② 这表明，社会劳动按比例分配所借以实现的形式是产品的交换价值。马克思要阐明资本主义社会中的价值规律是如何实现的。事实上，价值规律是按照一定比例分配社会劳动的客观规律在资本主义社会生产中的表现方式。在马克思看来，按照一定比例分配社会劳动能够保证生产出来的商品产量与要满足的社会需要的规模相适应，进而保证商品按照它的市场价值来出售。商品按照它的市场价值来出售就是达到了社会生产的理想状态。正如马克

---

① 《马克思恩格斯文集》第 5 卷，北京：人民出版社 2009 年版，第 95 页。
② 《马克思恩格斯文集》第 10 卷，北京：人民出版社 2009 年版，第 289 页。

思所言："商品按照它们的价值来交换或出售是理所当然的,是商品平衡的自然规律。"① 然而,实际的社会生产经常会出现生产过剩或生产不足的情况,往往无法实现理想状态。马克思指出,"每一物品或每一定量某种商品都只包含生产它所需要的社会劳动",② 如果某种商品量在市场上代表的社会劳动量比它实际包含的社会劳动量小得多,那么这个商品的产量就超过了社会的需要,这些商品的市场价格必然要低于它的市场价值来出售。如果某种商品量在市场上代表的社会劳动量比它实际包含的社会劳动量大得多,那么这个商品的产量根本不能满足社会的需要。如果要让社会生产达到理想状态,需要发挥价值规律的调节作用,按必要的比例生产商品。"只有当全部产品是按必要的比例生产时,它们才能卖出去",③ 才能达到供给与需求的平衡。需要提及的是,当社会生产发展到无法调节的地步之时,必然会引发经济危机,经济危机实质上是以强制的方式来达到供需平衡,因为"这种平衡本身已经包含着:它是以平衡的对立面为前提的,因此它可能包含危机,危机本身可能是平衡的一种形式"。④

① 《马克思恩格斯文集》第 7 卷,北京:人民出版社 2009 年版,第 209 页。
② 《马克思恩格斯文集》第 7 卷,北京:人民出版社 2009 年版,第 208 页。
③ 《马克思恩格斯文集》第 7 卷,北京:人民出版社 2009 年版,第 717 页。
④ 《马克思恩格斯文集》第 8 卷,北京:人民出版社 2009 年版,第 261 页。

马克思给《祖国纪事》
杂志编辑部的信

1877 年 10—11 月

他一定要把我关于西欧资本主义起源的历史概述彻底变成一般发展道路的历史哲学理论，一切民族，不管它们所处的历史环境如何，都注定要走这条道路，——以便最后都达到在保证社会劳动生产力极高度发展的同时又保证每个生产者个人最全面的发展的这样一种经济形态。但是我要请他原谅。（他这样做，会给我过多的荣誉，同时也会给我过多的侮辱。）

【论断】不能把马克思关于西欧资本主义起源的历史概述变成一切民族或国家都注定走资本主义道路的、一般性的历史哲学理论。

在 19 世纪后半叶，俄国知识界就俄国社会前途问题展开了激烈争论。争论的焦点在于俄国应该走什么样的道路：是走西欧式的资本主义道路，还是走社会主义道路。在这句话中，"他"指的是俄国自由主义民粹派思想家米海洛夫斯基。米海洛夫斯基在《祖国纪事》上刊登了一篇错误理解《资本论》内容的文章。在这篇文章中，他把马克思

《资本论》第一卷"所谓原始积累"一章中描述的关于西欧资本主义起源的道路直接搬到俄国，认为俄国应该遵照西欧各国走资本主义道路。为了回应对俄国社会前途问题的各种见解，马克思学习了俄文，研究了众多资料和著述，并就俄国问题进行了反复思考，得出了这样一个结论："如果俄国继续走它在 1861 年所开始走的道路，那它将会失去当时历史所能提供给一个民族的最好的机会，而遭受资本主义制度所带来的一切灾难性的波折。"① 在马克思看来，俄国不能走西欧式的资本主义道路，否则会错失当时历史所能提供的最好的发展机会。很显然，马克思对米海洛夫斯基的观点持批判态度，认为米海洛夫斯基忽视了俄国所处的历史环境，没有根据俄国的实际情况探究俄国应该走什么样的道路。

俄国知识界的争论关涉一个基础性的理论问题，那就是每一个民族或国家是否都必然或必须像西欧各国一样经过资本主义道路的问题。在这句话中，马克思对这一问题进行了回答，指出他关于西欧资本主义起源的历史概述不是一般发展道路的历史哲学理论，因此每一个民族或国家并不必然要走资本主义道路。马克思关于西欧资本主义起源的历史概述指的是《资本论》第一卷"所谓原始积累"一章中关于西欧资本主义起源的描述。马克思的这一描述

① 《马克思恩格斯文集》第 3 卷，北京：人民出版社 2009 年版，第 464 页。

揭示了英国及西欧其他国家原始积累的实质和过程，正如马克思所言："关于原始积累的那一章只不过想描述西欧的资本主义经济制度从封建主义经济制度内部产生出来的途径。"① 按照马克思的观点，这一历史概述着重阐释的是西欧资本主义的起源，不是西欧资本主义发展道路，更不是一切民族或国家的发展道路。因此，马克思关于西欧资本主义起源的道路不能照搬到俄国，其适用范围更不能扩大到一切民族或国家。而米海洛夫斯基将其视为一切民族或国家都注定走资本主义道路的、一般性的历史哲学理论，必然要受到马克思的批评。

通过马克思对米海洛夫斯基做法的批评，我们可以更加深切地体会恩格斯所指出的马克思理论的突出特征："马克思的整个世界观不是教义，而是方法。它提供的不是现成的教条，而是进一步研究的出发点和供这种研究使用的方法。"② 马克思理论的方法，从本性上最排斥那种脱离具体事物的所谓普遍原理，并认为这是对他的最大侮辱，所以当马克思看到有人把他关于西欧资本主义起源的特殊性概述变成普遍性历史哲学时，他生气地指出："这样做，会给我过多的荣誉，同时也会给我过多的侮辱"，并严厉地批评："这种历史哲学理论的最大长处就在于它是超历史

---

① 《马克思恩格斯文集》第 3 卷，北京：人民出版社 2009 年版，第 465 页。
② 《马克思恩格斯选集》第 4 卷，北京：人民出版社 1995 年版，第 742 页。

的。"① 至于马克思为什么强烈地反对特殊事例的抽象化和普遍化，应当联系马克思理论的根本主题去理解。马克思将自己理论的根本主题定位于"改变世界"这一实践的任务，而实践与理论的重要差别在于：理论必须要保证自身的逻辑自洽和完整严密，这要求理论服从单一的逻辑视角；实践则是众多异质性因素在同一时空内的复合出场，这要求实践必须具备多个异质性的逻辑视角。马克思理论是"改变世界"的实践性的理论，这就决定了马克思哲学的面向实践的开放性，决定了马克思理论应当在各种极不相同的历史性情境中具体地把握事物——用通俗的话说就是"具体问题具体分析"。

马克思给维·伊·查苏利奇的复信

初稿

从理论上说，俄国"农村公社"可以通过发展它的基础即土地公有制和消灭它也包含着的私有制原则来保存自己，它能够成为现代社会所趋向的那种经济制度的直接出

---

① 《马克思恩格斯文集》第 3 卷，北京：人民出版社 2009 年版，第 466 页。

发点，不必自杀就可以获得新的生命；它能够不经历资本主义制度（这个制度单纯从它可能延续的时间来看，在社会生活中是微不足道的），而占有资本主义生产使人类丰富起来的那些成果。

【论断】从理论上说，俄国"农村公社"具有扬弃自己的历史制度，不经历资本主义制度从而走向新的经济制度的可能性。

马克思把农村公社称之为"农业公社"，区别于古代的原始公社。"'农业公社'是最早的没有血缘关系的自由人的社会组织"。① 世界上大多国家都普遍经历过农村公社这一发展阶段。马克思在古代和现代的西欧历史研究中谈及农村公社时，指出"在古代和现代的西欧的历史运动中，农业公社时期是从公有制到私有制、从原生形态到次生形态的过渡时期"。② 在马克思看来，农村公社只是社会形态演进过程中的一种过渡的社会组织，这一过渡性预示着农村公社有可能在一些国家和地区被资本主义制度代替而消失，也有可能在一些国家和地区长期保留着遗迹。

马克思认为，尽管农奴制改革后俄国开始走上了资本主义道路，资本主义经济得到了迅速发展，但其发展并不够充分，这一点致使农村公社在其他国家和地区都消失的

① 《马克思恩格斯文集》第3卷，北京：人民出版社2009年版，第585页。
② 《马克思恩格斯文集》第3卷，北京：人民出版社2009年版，第574页。

情况下，在俄国还大范围地保留着，并且"俄国是在全国
范围内把'农业公社'保存到今天的唯一的欧洲国家"。①
尽管在当时的发展序列上，俄国农村公社与资本主义生产
方式同时存在，但俄国农村公社终究会被另一种所有制形
式代替，或是资本主义所有制，或是社会主义所有制，这
就关系着俄国社会未来发展前景和俄国农村公社的命运问
题。就俄国社会未来发展前景和俄国农村公社的命运问题，
俄国知识分子展开了大讨论。民粹派鼓吹俄国可以无条件
地借助农村公社过渡到社会主义，自由派认为随着俄国资
本主义的进一步发展，农村公社会逐步走向解体，应该摧
毁农村公社，以便过渡到资本主义。在这样的情况下，俄
国女革命家维·伊·查苏利奇写信向马克思求教，希望马
克思就俄国社会未来发展前景和俄国农村公社的命运问题
发表自己的观点。马克思对此非常重视，给查苏利奇的回
信进行了反复修改。在这些信件中，马克思阐述了自己对
俄国社会未来发展前景和俄国农村公社的命运问题的思考
和认识。

　　在这句话中，马克思从理论上阐释了俄国"农村公社"
具有扬弃自己的历史制度，不经历资本主义制度从而走向
新的经济制度的可能性。马克思认为俄国农村公社具有
"二重性"，一方面"公有制以及公有制所造成的各种社会

---

① 《马克思恩格斯文集》第3卷，北京：人民出版社2009年版，第574页。

联系，使公社基础稳固"，① 另一方面"房屋的私有、耕地
的小块耕种和产品的私人占有又使那种与较原始的公社条
件不相容的个性获得发展"。② 俄国农村公社的"二重性"
使得它只可能是两种情况，要么是私有成分在公社中战胜
集体成分，要么是集体成分在公社中战胜私有成分。与此
相应，俄国农村公社的"二重性"使得它的前途有两种可
能性，即解体的可能性和不必自杀而获得新的生命的可能
性。解体的可能性在于私有制的破坏性影响，除了外来的
资本主义私有制，公社内部也有私有制因素。不必自杀而
获得新的生命的可能性之一在于俄国农村公社的基础是土
地公有制，俄国农村公社可以发展它的基础即土地公有制
和消灭它包含着的私有制原则来保存自己。在马克思看来，
土地公有制赋予了俄国农村公社以集体占有的自然基础，
而且俄国农村公社已经采取了集体方式，农民也已经习惯
于劳动组合关系。这足以说明俄国农村公社可以继续得以
保存，并成为现代社会所趋向的那种经济制度的直接出
发点。

　　不必自杀而获得新的生命的可能性还在于俄国农村公
社能够占有资本主义生产所创造的积极成果。俄国农村公
社处在与资本主义并存的历史环境。用马克思的话说就是，

---

① 《马克思恩格斯文集》第 3 卷，北京：人民出版社 2009 年版，第 574 页。
② 《马克思恩格斯文集》第 3 卷，北京：人民出版社 2009 年版，第 574 页。

俄国农村公社"生存在现代的历史环境中，同较高的文化同时存在，和资本主义生产所统治的世界市场联系在一起"。① 依据俄国农村公社生存的历史环境，马克思认为俄国农村公社的发展具备了现成的物质条件，即资本主义生产所创造出来的积极成果。在马克思看来，资本主义制度所创造出来的积极成果对俄国社会发展是极其重要的，因为就俄国现实状况而言，俄国这样一个经济文化相当落后的大国，如果仅依靠自己想取得西欧长期发展才取得的成就，需要很长的时间。在这段时间内，农村公社很可能会随着俄国社会的发展而走向灭亡。这样，俄国农村公社跨越资本主义而进入社会主义的可能性就消失了。为此，马克思强调俄国应该吸取这些积极成果，这样俄国就有可能发展并改造它的农村公社的古代形式，而且不必加以破坏。

如果说土地公有制是俄国"农村公社"的集体占有制的基础，那么，它的历史环境，即它和资本主义生产同时存在，则为它提供了大规模地进行共同劳动的现成的物质条件。

【论断】土地公有制为俄国农村公社的集体占有制奠定了基础，而资本主义生产的积极成果则为俄国农村公社大规模地进行共同劳动提供了物质条件。

---

① 《马克思恩格斯全集》第 25 卷，北京：人民出版社 2001 年版，第 472 页。

在这句话中，马克思揭示了俄国农村公社跨越资本主义而进入社会主义所具备的两种优势，一是土地公有制为俄国农村公社的集体占有制奠定了基础，二是资本主义生产的积极成果为俄国农村公社大规模地进行共同劳动提供了物质条件。马克思认为，土地公有制是构成集体生产和集体占有的自然基础。在他看来，俄国具有土地公有的传统，使得集体生产和集体占有成为一种文化，这便为俄国的土地制度从封建社会的土地公有制过渡到社会主义社会的土地公有制奠定了自然基础，为俄国经济从小农经济过渡到集体经济奠定了自然基础。这样，俄国农村公社可以依靠公有制以及公有制所造成的各种社会联系，使公社基础稳固，可以通过发展它的基础即土地公有制和消灭它包含着的私有制原则来保存自己，进而不经历资本主义制度从而走向社会主义。

除此之外，马克思指出俄国农村公社跨越资本主义而进入社会主义，还需要具备两样东西，即在经济上有大规模进行共同劳动的需要和在物质上有实现大规模共同劳动的条件。他认为这两样东西在俄国都是具备的。从俄国社会现状来看，农民土地的地力已经被耗尽了，因此农民有大规模进行共同劳动的需要，而且农民已经采用了集体方式，也已经习惯于劳动组合关系。与此同时，资本主义生产也为俄国农村公社提供了大规模地进行共同劳动的现成的物质条件。在马克思看来，俄国农村公社的生存环境不同于西方原始公社，它同西方资本主义文化并存，和资本主义生产所统治的世界市场联系在一起。因此俄国农村公社可以"把资本主义制度所创造的一切积极的成果用到公社中来"，可以"占有资本主义生产使人类丰富起来的那些成果"为其自身发展服务。在这种意义上，俄国农村公社不通过资本主义制度却可以占有资本主义所创造的一切积极成果，即利用现成的物质条件而发展为高级的公有制形式。根据马克思的相关论述，资本主义所创造出来的积极成果是"设备、肥料、农艺上的各种方法等等集体劳动所必需的一切资料"，① 这些积极成果是俄国农村公社跨越资本主义而进入社会主义的不可或缺的物质基础。

　　因此，它能够不通过资本主义制度的卡夫丁峡谷，而占有资本主义制度所创造的一切积极的成果。

【论断】俄国农村公社能够不通过资本主义制度而占有资本主义制度的积极成果。

"卡夫丁峡谷"一语出自古罗马历史。在公元前 321 年，古罗马卡夫丁城附近的卡夫丁峡谷发生了萨姆尼特人和罗马人的战争，最终萨姆尼特人战胜罗马人，并且迫使罗马战俘从峡谷中用长矛架起的形似城门的"牛轭"下通过，从而达到羞辱罗马人的目的。后来"卡夫丁峡谷"便

---

① 《马克思恩格斯文集》第 3 卷，北京：人民出版社 2009 年版，第 578 页。

成为耻辱的代名词，并被比喻为在发展过程中所遇到的巨大代价和灾难性后果。不过，真正使得"卡夫丁峡谷"被学者们熟知的原因并非这一典故本身，而是马克思针对俄国劳动解放社创始人查苏利奇的提问而写的复信。查苏利奇在信中就十九世纪七八十年代俄国发生的关于土地及农村公社问题争论请教马克思："要是你肯对我国农村公社可能遭到的各种命运发表自己的观点，要是您肯对那种认为由于历史的必然性，世界上所有国家都必须经过资本主义生产的一切阶段这种理论阐述自己的看法，那末您会给我们多大的帮助啊。"① 查苏利奇的问题可以概括为两个，一个是俄国农村公社的命运问题，另一个是世界各国是不是要经过资本主义生产的一切阶段。马克思在回信中做出了回应："和控制着世界市场的西方生产同时存在，就使俄国可以不通过资本主义制度的卡夫丁峡谷，而把资本主义制度所创造的一切积极的成果用到公社中来。"② "它和资本主义生产同时存在，则为它提供了大规模组织起来进行合作劳动的现成的物质条件。因此，它可以不通过资本主义制度的卡夫丁峡谷，而占有资本主义制度所创造的一切积极的成果。"③ "消灭公有制，创造一个由比较富裕的少数农民

① 《马克思恩格斯与俄国政治活动家通信集》，北京：人民出版社 1987 年版，第 378 页。
② 《马克思恩格斯文集》第 3 卷，北京：人民出版社 2009 年版，第 575 页。
③ 《马克思恩格斯文集》第 3 卷，北京：人民出版社 2009 年版，第 587 页。

组成的农村中等阶级，并把大多数农民干脆都变为无产者。"① 综合上述论述以及俄国当时的具体实际情况，马克思信中所说的"卡夫丁峡谷"是指俄国公社由公有制变为私有制以及农民的无产者化，而这些对于俄国公社来说是一场灾难性后果，因此"不通过资本主义制度的卡夫丁峡谷"是指俄国公社不经历资本主义所导致的私有化以及农民不经历资本主义所导致的无产者化过程而保存和发展自己。

　　在马克思看来，俄国公社不经历资本主义所导致的私有化，农民不经历资本主义所导致的无产者化过程而保存和发展自己的原因在于能够占有资本主义制度所创造的一切积极的成果。在西欧各国普遍采取资本主义生产方式的情形下，俄国还大范围地保存着农村公社。基于俄国农村公社的基本特性，以及俄国农村公社与资本主义生产方式并存的历史环境，马克思从理论上推测出俄国农村公社能够不经历资本主义所导致的私有化，农民不经历资本主义所导致的无产者化过程而占有资本主义生产所创造的一切积极成果，进而进入社会主义。在马克思看来，资本主义生产在世界历史发展中具有重要意义。"资产阶级在它的不到一百年的阶级统治中所创造的生产力，比过去一切世代

---

① 《马克思恩格斯文集》第 3 卷，北京：人民出版社 2009 年版，第 579 页。

创造的全部生产力还要多，还要大。"① 而俄国这样一个经济文化相当落后的大国，如果仅依靠自己想取得西欧长期发展才取得的成就，需要很长的时间，那么农村公社必定会随着俄国社会的发展而走向灭亡。俄国农村公社要成为俄国社会新生的支点，需要把资本主义生产所创造的积极成果用到公社中来。为此，马克思强调俄国农村公社能够"不经受资本主义生产的可怕的波折而占有它的一切积极的成果"，② 并直接以公社的土地所有制为基础过渡到社会主义。

　　需要提及的是，马克思的回信仅仅回应了查苏利奇的第一个问题，而没有直接回应查苏利奇的第二个问题，即世界各国是不是要经过资本主义生产的一切阶段。然而，马克思在晚年的人类学笔记以及与俄国人的大量通信中已经回应了查苏利奇的第二个问题："如果俄国继续走它在 1861 年所开始走的道路，那它将会失去当时历史所能提供给一个民族的最好的机会，而遭受资本主义制度所带来的一切灾难性的波折。"③ "他一定要把我关于西欧资本主义起源的历史概述彻底变成一般发展道路的历史哲学理论，一切民族，不管它们所处的历史环境如何，都注定要走这条道路，——以便最后都达到在保证社会劳动生产力极高度发展的同时又保证每个生产者个人最全面的发展的这样一

---

① 《马克思恩格斯文集》第 2 卷，北京：人民出版社 2009 年版，第 36 页。
② 《马克思恩格斯文集》第 3 卷，北京：人民出版社 2009 年版，第 571 页。
③ 《马克思恩格斯文集》第 3 卷，北京：人民出版社 2009 年版，第 464 页。

种经济形态。但是我要请他原谅。(他这样做,会给我过多的荣誉,同时也会给我过多的侮辱。)"① 可以看出,马克思所指明的"不通过资本主义制度的卡夫丁峡谷"问题实质上是指俄国的发展道路问题,进而是指东方落后国家的发展道路问题,这是从广义上来理解的"卡夫丁峡谷"问题。从这种理解出发,"不通过资本主义制度的卡夫丁峡谷"问题反映的是社会形态更替的普遍规律与特殊形态之间的关系,具体而言就是特定民族或国家可否不通过某些特定社会发展道路或不经历某些社会发展道路的灾难性后果而同样能够获得自己的发展。

　　它能够以应用机器的大农业来逐步代替小地块耕作,而俄国土地的天然地势又非常适于这种大农业。

　　【论断】俄国土地的天然地势适于俄国农村公社应用机器的大农业。

　　在马克思看来,俄国农村公社内的耕地仍然是公有财产,但定期在农业公社各个社员之间进行分配,每个农民自力耕种分配给他的田地,并把产品留为己有,这表明俄国农村公社以土地公有制为基础,却还长期保留着小地块耕作这一私有制因素。尽管如此,马克思仍然认为作为构成集体生产和集体占有的自然基础的"土地公有制使它有

———————————

① 《马克思恩格斯文集》第 3 卷,北京:人民出版社 2009 年版,第 466 页。

可能直接地、逐步地把小地块个体耕作转化为集体耕作",①
而且俄国农民习惯于劳动组合关系,习惯于在没有分配的
草地上、在排水工程以及其他公益事业方面实行一定程度
的集体劳动。与此同时,随着资本主义在俄国的发展,资
本主义对农民的压迫耗尽了农民的土地地力,"俄国农业只
要求有土地和用比较原始的工具装备起来的小地块农民的
时期,已经过去了",② 现在"农民需要的是大规模组织起
来的合作劳动"。③ 那么如何来改造俄国农村公社的小地块
耕作呢? 马克思强调应用机器的大农业来逐步代替小地块
耕作,俄国为了获得机器、轮船、铁路等不需要像西方那
样先经过一段很长的机器工业的孕育期。这也就意味着,俄
国农村公社可以直接应用资本主义所创造的积极成果——机
器的大农业来巩固和发展土地公有制,然后土地公有制又
使得俄国农村公社有可能直接地、逐步地把小地块耕作转
化为集体耕作。在马克思看来,俄国拥有的广阔平原的天
然地势也非常适于这种机器的大农业,"适合于利用机器进
行大规模组织起来的、实行合作劳动的农业经营"。④ 这样,
通过应用机器的大农业来改造小地块耕作的方式巩固和发
展俄国农村公社的土地公有制,战胜俄国农村公社包含着

---

① 《马克思恩格斯文集》第 3 卷,北京:人民出版社 2009 年版,第 574 页。
② 《马克思恩格斯全集》第 25 卷,北京:人民出版社 2001 年版,第 465 页。
③ 《马克思恩格斯文集》第 3 卷,北京:人民出版社 2009 年版,第 578 页。
④ 《马克思恩格斯文集》第 3 卷,北京:人民出版社 2009 年版,第 578 页。

的私有制因素，这就为俄国农村公社跨越资本主义从而进入社会主义创造条件。

　　它能够成为现代社会所趋向的那种经济制度的直接出发点，不必自杀就可以获得新的生命。相反，作为开端，必须把它置于正常条件之下。

　　【论断】俄国农村公社只有置于正常发展的条件下，才能成为社会主义制度的直接出发点。

　　马克思从理论上确证了俄国农村公社可以跨越资本主义、进入社会主义的可能性。一方面俄国农村公社可以通过发展它的基础即土地公有制和消灭它包含着的私有制因素来保存自己，另一方面可以利用资本主义生产所创造的积极成果来巩固和发展自己，这样它能够成为现代社会所趋向的那种经济制度的直接出发点，不必自杀就可以获得新的生命。然而，从俄国农村公社的现实状况来看，马克思已经认识到俄国农村公社很可能在私有制的破坏性影响下走向解体。这表明，马克思在理论上所作的说明是有前提条件的，那就是不考虑俄国现实生活或者说"暂且不谈俄国公社所遭遇的灾难"。[①] 这意味着俄国农村公社要成为趋向社会主义制度的直接出发点，首先就要消除俄国农村公社所面临的多方面困境。

---

① 《马克思恩格斯文集》第 3 卷，北京：人民出版社 2009 年版，第 587 页。

从俄国的历史上来看，农村公社始终就是被压迫的对象。俄国新兴资产阶级与沙皇政权联合起来打压农村公社，力图毁灭农村公社，用马克思的话来说就是"国家借助集中在它手中的各种社会力量来不断地压迫公社"，帮助"那些吮吸'农村公社'本来已经枯竭的血液的新资本主义寄生虫去发财致富"。① 当他们感到现在的剥削方式已经过时时，便希望"消灭公有制，创造一个由比较富裕的少数农民组成的农村中等阶级，并把大多数农民干脆都变为无产者"，② 以此来剥夺更多的生产成果。由此可见，俄国农村公社在当时的条件下要成为社会主义制度的直接出发点，首先要能够与资本主义相抗衡并保存自己，这就要求有较为发达的生产力，即发展生产力是俄国农村公社成为社会主义制度的直接出发点的根本条件。俄国农村公社尽管经历了 1861 年的农奴制改革，极大地解放了生产力，但其生产力水平还比较落后，由此决定了农村公社的落后，而落后的农村公社是很难与资本主义相抗衡并保存自己的。其次要有俄国革命。俄国革命是俄国农村公社成为社会主义制度的直接出发点的重要条件。俄国农村公社生产力水平低下，农民生活本身就很贫苦，再加上受到残酷的剥削，俄国统治者也加入破坏农村公社的行列，农村公社几乎陷

---

① 《马克思恩格斯文集》第 3 卷，北京：人民出版社 2009 年版，第 577 页。
② 《马克思恩格斯文集》第 3 卷，北京：人民出版社 2009 年版，第 579 页。

入绝境。基于此，马克思主张"要挽救俄国公社，就必须有俄国革命"，[①] 从而推翻沙皇专制制度。"如果革命在适当的时刻发生，如果它能把自己的一切力量集中起来以保证农村公社的自由发展，那么，农村公社就会很快地变为俄国社会新生的因素，变为优于其他还处在资本主义制度奴役下的国家的因素。"[②] 最后要有西方无产阶级革命的支持。西方无产阶级革命是俄国农村公社成为社会主义制度的直接出发点的外部条件。俄国农村公社不是孤立存在的，始终与世界资本主义并存。因此俄国革命需要与西方无产阶级革命互相补充，否则农村公社会不断受到资本主义的破坏并最终走向解体。

复　信

　　这种农村公社是俄国社会新生的支点；可是要使它能发挥这种作用，首先必须排除从各方面向它袭来的破坏性影响，然后保证它具备自然发展的正常条件。

　　【论断】俄国农村公社只有排除从各方面袭来的破坏性影响，才能具备自然发展的正常条件，才能成为俄国社会新生的支点。

---

① 《马克思恩格斯文集》第 3 卷，北京：人民出版社 2009 年版，第 579 页。
② 《马克思恩格斯文集》第 3 卷，北京：人民出版社 2009 年版，第 582 页。

马克思认为，俄国农村公社要成为俄国社会新生的支点，首先必须要排除从各方面向它袭来的破坏性影响，然后保证它具备自然发展的正常条件。在这句话中，马克思揭示了两层含义，一是农村公社具备自然发展的正常条件后才能成为俄国社会新生的支点，二是农村公社要排除从各方面向它袭来的破坏性影响后才能达到自然发展状态。关于第一层含义，前文已经详细阐释过，在此不再赘述。关于第二层含义，马克思在初稿中详细探讨过。在提及"破坏性影响"一词之前，马克思说过这样一句话："总之，那些最能促进和加速剥削农民（俄国的最巨大的生产力）、并最能使'社会新栋梁'发财致富的一切技术和经济手段，都在国家的促进下过早地发展起来。"① 马克思揭示了两个外来的破坏性因素，一个是沙皇国家的压迫，另一个是"社会新栋梁"，即俄国新兴资产阶级的剥削。"这种外来的压迫激发了公社内部原来已经产生的各种利益的冲突，并加速了公社的各种瓦解因素的发展。"② 马克思指出，农村公社具有"孤立性"，各个公社之间的生活缺乏联系，这样农村公社不可避免地会存在专制制度，受到专制制度的压迫。而且由国家靠牺牲农民扶植壮大起来的资本主义是同公社对立的，它的目的是要毁灭公社。农村公社受到沙皇

① 《马克思恩格斯文集》第 3 卷，北京：人民出版社 2009 年版，第 577 页。
② 《马克思恩格斯文集》第 3 卷，北京：人民出版社 2009 年版，第 577 页。

国家政权和新兴资产阶级的联合打压，再加上农村公社又没有力量进行抵抗，所以农村公社必将走向解体。

　　排除对农村公社的破坏性影响，保证它具备自然发展的正常条件，一是要推翻沙皇的专制统治，消除沙皇国家对农村公社的压迫，二是要消除新兴资产阶级对农村公社的剥削。马克思认为，要排除对农村公社的破坏性影响就必须有俄国革命，最主要的是必须有无产阶级革命。在马克思看来，如果说推翻沙皇的专制统治可以通过俄国资产阶级革命的胜利而实现的话，那么消除新兴资产阶级对农村公社的剥削是无法通过俄国资产阶级革命的胜利而实现的，因为资产阶级一旦掌握政权只会加速剥削农村公社，直至毁灭农村公社。然而，"破坏性影响的这种共同作用，只要不被强大的反作用打破，就必然会导致农村公社的灭亡"。① 从马克思相关论述可知，这种强大的反作用不是资产阶级革命，而是无产阶级革命。无产阶级革命不仅能改变农村公社的现状，保证农村公社处于自然发展的状态，还能使其成为俄国社会新生的支点。

　　需要提及的是，除了以上两个外来的破坏性因素外，农村公社内部也有使自己毁灭的因素，那就是公社内部资本主义因素的发展。马克思在提及农村公社的"二重性"时谈到它有可能成为公社解体的根源。马克思指出，动产

---

① 《马克思恩格斯文集》第 3 卷，北京：人民出版社 2009 年版，第 577 页。

在农业中起着越来越重要的作用，使得公社成员的财产状况日益分化，引起了公社成员之间的利益斗争，而且作为公社基础的公有制经济上的优越性也日益丧失，这些情况都可能导致农村公社走向灭亡。

恩格斯致卡尔·考茨基

1881 年 2 月 1 日于伦敦

如果说共产主义社会在将来某个时候不得不像已经对物的生产进行调节那样，同时也对人的生产进行调节，那么正是这个社会，而且只有这个社会才能无困难地做到这点。

【论断】共产主义社会能够无困难地调节物的生产和人的生产。

恩格斯指出："根据唯物主义观点，历史中的决定性因素，归根结底是直接生活的生产和再生产。但是，生产本身又有两种。一方面是生活资料即食物、衣服、住房以及为此所必需的工具的生产；另一方面是人自身的生产，即种的繁衍。"① 社会的生产过程一方面是物的生产，另一方

---

① 《马克思恩格斯文集》第 4 卷，北京：人民出版社 2009 年版，第 15—16 页。

面是人的生产，这两种生产共同影响着社会的发展。在这
两种生产中，物的生产对社会发展起决定性作用，人的生
产会促进或延缓社会的发展。为了保证社会的稳定发展，
需要保持这两种生产协调发展，对这两种生产进行适当调
节。就人的生产而言，人的生产超过一定限度就会发生人
口过剩。当发生人口过剩时，就要像对物的生产进行调节
那样，要对人的生产进行调节。

　　考茨基在 1880 年发表了《人口增殖对社会进步的影
响》一书，并写信请恩格斯就此书提出批评意见。恩格斯
在回信中指出了此书部分内容的不合理之处，并就当前是
否会发生人口过剩，以及未来可能发生的人口过剩的调节
方式表达了观点。在恩格斯看来，当前不会出现人口过剩
的问题，因此不需要进行调节。为此，他指出社会主义者
们提出的问题，即"我们用什么办法可以消除可能发生的
人口过剩以及由此而来的新的社会制度垮台的危险"根本
不是当前的一个迫切问题。① 但是，恩格斯表示如果人类社
会在将来某个时候要对人的生产进行调节，那么只有共产
主义社会才能无困难地做到，就像无困难地对物的生产进
行调节一样。根据这封回信的语境，恩格斯所探讨的人的
生产问题实质上是人口过剩问题，所强调的调节人的生产
就是要防止人口过剩，最终达到人口的自我调节，将人口

---

① 《马克思恩格斯文集》第 10 卷，北京：人民出版社 2009 年版，第 454 页。

数量控制在一定范围内。

关于人口过剩问题，英国经济学家马尔萨斯做出了深入研究。他指出："人口的增殖力无限大于土地为人类生产提供生活资料的能力"，① 贫困的根源就在于人口的自然增长率超过了土地的自然产出率，解决贫困的路径就在于抑制人口，防止人口过剩。因此马尔萨斯认为解决贫困问题的首要任务在于解决人口过剩问题。恩格斯不同意马尔萨斯的观点，认为贫困根源于资本主义私有制，并不是人口过剩引起的，因此马尔萨斯对贫困问题的分析以资本主义私有制为前提，忽略了资本主义私有制的合理性问题。与此同时，恩格斯认为生产力过大的地方，人口才会过多，因此生产力不足的时代是不可能存在人口过剩问题的。在19世纪晚期，人口过剩问题再次被关注，恩格斯同样认为不存在人口过剩问题，指出当前正处于社会变革时期，社会需要生产出堆积如山的生活资料，需要生产出大量的人口。当生产力发展还有巨大潜力时，世界人口的生产总的来说是不足，而不是过剩。

按照马尔萨斯的观点，如果人口数量增多是造成贫困的根源，那么有必要为人口增长规定一个限度。恩格斯虽然不同意马尔萨斯把贫困根源于人口、土地等因素，但他

---

① ［英］托马斯·罗伯特·马尔萨斯：《人口原理》，三惠惠译，陕西师范大学出版社 2008 年版，第 6 页。

非常重视马尔萨斯所指明的限定人口数量的观点。恩格斯指出，基于人口数量增多必须要为其增长规定一个限度，对此进行社会主义变革，通过变革来教育群众，从道德上限制繁殖本能等都是必要的途径。在恩格斯看来，当前阶段还没有达到为人口增长规定限度的水平，因此还不存在人口超过限度的现实性，是不需要对人口的生产进行调节的。如果共产主义社会在将来某个时候发生人口过剩，那就需要对人口的生产进行调节，而且可以无困难地调节人口。这是因为共产主义社会的发展水平已经达到相当高的程度，实现了生产资料的全社会共同占有。需要注意的是，共产主义社会是否需要对人口的生产进行调节这一问题，需要共产主义社会中的人们根据人口资源状况和社会经济发展水平来作出决定，并决定在什么时候、用什么方法、采取什么样的措施来进行调节，这些问题都不是我们这个时代的人们所能够决定的。

　　无论如何，共产主义社会中的人们自己会决定，是否应当为此采取某种措施，在什么时候，用什么办法，以及究竟是什么样的措施。我不认为自己有向他们提出这方面的建议和劝导的使命。那些人无论如何也会和我们一样聪明。

　　【论断】共产主义社会中的人们自己会决定是否需要对人口的生产进行调节，以及怎样对人口的生产进行调节，而现代人不应当越俎代庖代替未来的人们去做决定。

在这句话中，恩格斯强调共产主义社会能够无困难地调节人口的生产，这种无困难性体现在把人口数量保持在社会所能容纳的水平线上。至于共产主义社会中是否需要对人口的生产进行调节，以及怎样对人口的生产进行调节，这些都是现代人不应该越俎代庖代替未来的人们去做决定的事情。那么共产主义社会中的人们该如何做出决定呢？在恩格斯看来，共产主义社会中的人们要依据主客观条件来做出决定。

恩格斯指出，一切民族或国家在社会发展的不同阶段上都有可能面临人口生产问题，即人口生产不足或人口生产过剩的问题，生活于该阶段的人们应根据社会经济发展水平、人口资源状况来判断是否存在人口生产问题，决定是否需要采取措施来应对问题，决定采取什么具体措施来应对问题。相应地，在共产主义社会中是否存在人口生产过剩问题，是否需要采取措施来应对这一问题，以及具体采取什么措施应对这一问题，同样需要共产主义社会中的人们根据社会经济发展水平、人口资源状况做出判断和决定。与此同时，在共产主义社会，劳动者同生产资料的直接结合，从根本上改变了少数人通过占有生产资料而剥夺绝大多数人的劳动成果的剥削制度，使得人们能够真正成为自己的主人。这样，共产主义社会中的人们能够实现自由而全面的发展，真正地具备了深刻认识世界和全面改造世界的能力。为此，恩格斯表示他没有向未来的人们提出相关建议和劝导的使命。

需要注意的是，调节人口生产的目的是要达到人口的自我调节，而人口的自我调节只有在"共产主义社会的高级阶段"才能实现。在"共产主义社会的高级阶段"，人们对人口的生产的调节已经进入自觉状态，甚至就调节人口的生产的思想和行动都成为多余。然而，在还未达到人口的自我调节之前，人们应当重视人口的生产及其调节，尽量避免因人口生产不足或人口生产过剩而引发的一系列问题。

恩格斯致菲利普·范派顿

1883 年 4 月 18 日于伦敦

未来无产阶级革命的最终结果之一，将是称为国家的政治组织逐步解体直到最后消失。这个组织的主要目的，从来就是依靠武装力量保证富有的少数人对劳动者多数的经济压迫。随着富有的少数人的消失，武装压迫力量或国家权力的必要性也就消失。

【论断】无产阶级革命的最终结果之一是作为政治组织的国家走向消失。

未来无产阶级革命的最终指向是实现每个人的自由发展的共产主义社会，在这一过程中，无产阶级革命的重要结果之一便是国家的消失。正像恩格斯在《家庭、私有制和国家的起源》一书中所言："在生产者自由平等的联合体的基础上按新方式来组织生产的社会，将把全部国家机器放到它应该去的地方，即放到古物陈列馆去，同纺车和青铜斧陈列在一起。"[1] 国家最终走向消失是马克思主义理论的重要观点，是马克思恩格斯关于国家最终命运的重要判断。这一观点和判断直接地指涉着国家的最终走向，但是要深入理解这一点，需要系统理解国家的本质、根源、功能，因此只有多方面、多角度的阐述，才能展现出这一观点和判断的丰富理论意蕴。

首先，最终走向消失的国家是指作为政治组织的国家，即依靠武力或以武力为后盾，执行着阶级统治和阶级压迫职能的政治形式。作为一种人为的政治事物，国家是人类社会发展到一定阶段的历史性产物，这意味着人类社会的早期曾经有过没有国家的历史阶段。对于这一阶段，恩格斯如此描述："国家并不是从来就有的。曾经有过不需要国家，而且根本不知国家和国家权力为何物的社会。在经济发展到一定阶段而必然使社会分裂为阶级时，国家就由于这种分裂而成为必要了。"[2] 国家之所以必要，盖源于人类社会进入阶级社会后所产生的控制社会冲突的需要，国家是掌握着它的那个阶级实行阶级统治、维护本阶级根本利

---

[1] 《马克思恩格斯文集》第4卷，北京：人民出版社2009年版，第193页。
[2] 《马克思恩格斯文集》第4卷，北京：人民出版社2009年版，第193页。

益的必要工具。"国家是承认：这个社会陷入了不可解决的
自我矛盾，分裂为不可调和的对立面而又无力摆脱这些对
立面。而为了使这些对立面，这些经济利益互相冲突的阶
级，不致在无谓的斗争中把自己和社会消灭，就需要有一
种表面上凌驾于社会之上的力量，这种力量应当缓和冲突，
把冲突保持在'秩序'的范围以内；这种从社会中产生但
又自居于社会之上并且日益同社会相异化的力量，就是国
家。"① 由此看出，国家在本质上是依靠武力或以武力为后
盾的、控制社会冲突从而承担阶级统治职能的阶级工具。
就此而言，国家最终走向消失是指国家的阶级统治职能走
向消失，即国家的阶级政治身份消失。

　　其次，国家最终走向消失根源于阶级关系的根本变化。
国家在本质上是阶级统治的政治形式，国家"是最强大的、
在经济上占统治地位的阶级的国家，这个阶级借助于国家
而在政治上也成为占统治地位的阶级，因而获得了镇压和
剥削被压迫阶级的新手段"。② 正是在这种意义上，当社会
的阶级关系发生根本变化，阶级统治不再需要，那么作为
阶级统治的政治形式，国家也就自然地失去了存在基础。
在那样一个时代，无产阶级通过生产关系的变革推动生产
力的迅速发展，彻底消除了阶级分化和阶级压迫，促使阶

---

① 《马克思恩格斯文集》第 4 卷，北京：人民出版社 2009 年版，第 189 页。
② 《马克思恩格斯文集》第 4 卷，北京：人民出版社 2009 年版，第 191 页。

级社会转化为无阶级社会，从而造就出不再需要国家的社会条件。无产阶级"通过革命使自己成为统治阶级，并以统治阶级的资格用暴力消灭旧的生产关系，那么它在消灭这种生产关系的同时，也就消灭了阶级对立的存在条件，消灭了阶级本身的存在条件，从而消灭了它自己这个阶级的统治"。① 需要注意的是，国家最终走向消失是阶级关系根本变化的产物，但这一根本变化却是一个需要漫长而艰巨的长期努力才能实现的过程。"在资本主义社会和共产主义社会之间，有一个从前者变为后者的革命转变时期。同这个时期相适应的也有一个政治上的过渡时期，这个时期的国家只能是无产阶级的革命专政。"② 不难看出，无产阶级专政使得国家最终走向消失具备了现实的基础。对国家最终消失来说，无产阶级专政不过是达到消灭各个阶级之间的利益分化和对立，从而进入社会全体成员利益高度融合状态的过渡，因此无产阶级专政充当了国家最终走向消失的现实基础。

再次，国家最终走向消失意味着国家阶级统治职能的消失，而国家公共职能将转化为社会成员自我管理的职能。国家在本质上是阶级统治的政治形式，与此同时国家还承担着社会公共管理的公共职能。国家的"政治统治到处都

① 《马克思恩格斯文集》第 2 卷，北京：人民出版社 2009 年版，第 52 页。
② 《马克思恩格斯文集》第 3 卷，北京：人民出版社 2009 年版，第 444 页。

是以执行某种社会职能为基础，而且政治统治只有在它执行了它的这种社会职能时才能持续下去"。① 国家的公共职能绝不是可有可无的，而是阶级统治职能得以实现的必要条件。换句话说，国家要实现阶级统治的职能，首先要求国家成为社会的普遍利益的代表，按照社会的意志对整个社会进行公共管理；国家只有发挥出服从社会意志、遵循普遍利益的公共性，才能为发挥出服务于某个阶级的政治职能创造条件。与国家的阶级统治职能伴随国家消失而走向消失不同的是，国家的公共职能将转化为社会成员自我管理的职能，即不再是阶级统治得以实现的中介，而是成为社会全体成员利益高度融合之下的利益协调的管理机关，成为服务于"每个人的自由发展是一切人的自由发展的条件"的公共形式。在这一时代中，国家存在的必要性不过是它能够促成人们成为自己的社会结合的主人，正如恩格斯所描绘的那样，"管理上的民主，社会中的博爱，权利的平等，教育的普及，将揭开社会的下一个更高的阶段，经验、理智和科学正在不断向这个阶段努力。这将是古代民族的自由、平等和博爱的复活，但却是在更高级形式上的复活。"②

为了达到未来社会革命的这一目的以及其它更重要得

① 《马克思恩格斯文集》第9卷，北京：人民出版社2009年版，第187页。
② 《马克思恩格斯文集》第4卷，北京：人民出版社2009年版，第198页。

多的目的，工人阶级应当首先掌握有组织的国家政权并依靠这个政权镇压资本家阶级的反抗和按新的方式组织社会。

【论断】为了实现社会革命等未来目的，工人阶级应当掌握国家政权来占据社会的主导地位。

如果说国家是阶级统治的工具，那么国家政权就是国家借以实现统治的工具，它表现为军队、警察、法庭、监狱以及一整套的法律、行政制度及其执行机关。就此而言，工人阶级为了实现向共产主义社会的转变，就必须重视国家政权的占有，从而确保从阶级社会向共产主义社会转变的顺利进行。为了厘清国家政权的概念，我们需要将其与国家作一比较。国家政权不同于国家，国家在本质上是阶级统治的政治形式，侧重于阶级统治实现的方式，而国家政权作为国家的具体体现，侧重于国家的权力载体和权力工具，是国家的阶级统治职能借以落实和实现的具体手段。阿尔都塞在阐述"马克思主义国家理论"时就对国家政权非常重视，他提出"阶级斗争的目标在于国家政权，因此在于利用国家机器——掌握国家政权的阶级（以及阶级或阶级的某些部分之间的联盟）可以利用国家机器的功能来实现他们阶级的目标"。[1] 阿尔都塞的意思是说对于不同的阶级，国家的阶级统治职能具有相互排斥性——一个阶级

---

[1]　［法］阿尔都塞：《哲学与政治：阿尔都塞读本》，陈越编译，北京：人民出版社 2003 年版，第 333 页。

占据国家，必然排斥另一个阶级对国家的占据，而国家政权具有很大的兼容性——同一个国家政权既可以被这个阶级占有，也可以被那个阶级占有，只要欲占有国家的阶级占有国家政权即可。

人类社会历史上经常会发生如此现象：一个阶级的国家政权被另一个阶级夺取，而后者却继续使用着前者所遗留的国家政权，这便是国家政权的兼容性的突出例证。马克思恩格斯非常重视国家政权的作用，认为国家政权及其所蕴含的暴力等措施既是国家维护统治阶级的政治统治的强大工具，也是国家维持社会秩序的重要支柱，这对于他们所反对的资产阶级国家政权，抑或赞成的无产阶级国家政权来说都是如此。"原来意义上的政治权力，是一个阶级用以压迫另一个阶级的有组织的暴力。"[1] "共产党人不屑于隐瞒自己的观点和意图。他们公开宣布：他们的目的只有用暴力推翻全部现存的社会制度才能达到。"[2] "当制宪议会在理论上雕琢资产阶级统治的共和主义形式的时候，它在实际上却是专靠否定一切常规、使用赤裸裸的暴力、宣布戒严来维持的。"[3] "工人阶级不能简单地掌握现成的国家机器，并运用它来达到自己的目的。奴役他们的政治工具不

---

[1]　《马克思恩格斯文集》第 2 卷，北京：人民出版社 2009 年版，第 53 页。

[2]　《马克思恩格斯文集》第 2 卷，北京：人民出版社 2009 年版，第 66 页。

[3]　《马克思恩格斯文集》第 2 卷，北京：人民出版社 2009 年版，第 113 页。

能当成解放他们的政治工具来使用。"① "无产阶级不能像统治阶级及其互相倾轧的各党各派在历次胜利的时刻所做的那样，简单地掌握现存的国家机器并运用这个现成的工具来达到自己的目的。掌握政权的第一个条件是改造传统的国家工作机器，把它作为阶级统治的工具加以摧毁。"② 相对地来说，国家表征着一个社会的阶级统治关系的所属与主导，国家政权表征着一个社会的阶级统治关系的工具属性，既然从属于工具，那么国家政权就具有某种可普遍化的可能，即被不同的统治阶级轮流使用而仍然保持住自身，这就极大地促成了国家政权在国家存续期间的重要作用。

对于人类历史而言，无产阶级反对资产阶级的阶级斗争不是一般性的阶级斗争，其原因在于：在此之前的阶级斗争基本都是围绕着一种私有制代替另一种私有制，一个阶级取代另一个统治阶级从而自身成为统治阶级。而无产阶级反对资产阶级的阶级斗争的独特性在于：它标志着私有制历史的彻底结束，标志着人类将从阶级社会进入到无阶级社会。因此，无产阶级反对资产阶级的阶级斗争就不仅承担着阶级斗争的一般的任务，而且承担着远比其他阶级斗争更为沉重、更为艰巨，也更为重大的历史使命。例如，在行将退出历史舞台的时期，资产阶级不会甘心于国

---

① 《马克思恩格斯文集》第3卷，北京：人民出版社2009年版，第218页。
② 《马克思恩格斯文集》第3卷，北京：人民出版社2009年版，第218页。

家政权的丧失，而必定会反对无产阶级掌握国家政权。因此对待资产阶级的反抗，无产阶级一定要"首先掌握有组织的国家政权并依靠这个政权镇压资本家阶级的反抗"。对于这一历史使命，马克思的头脑非常清晰，他指出"在资本主义社会和共产主义社会之间，有一个从前者变为后者的革命转变时期。同这个时期相适应的也有一个政治上的过渡时期，这个时期的国家只能是无产阶级的革命专政"。①"无产阶级的革命专政"表现为对生产资料的集中、对资产阶级国家政权的改造以及对资产阶级反抗的镇压，因此"无产阶级的革命专政"是实现未来社会革命、促进人类社会迈入共产主义社会的不可缺少的关键一步。

恩格斯致保尔·恩斯特

1890 年 6 月 5 日于伦敦

　　如果不把唯物主义方法当做研究历史的指南，而把它当做现成的公式，按照它来剪裁各种历史事实，那它就会转变为自己的对立物。

　　【论断】唯物主义方法是研究历史的指南，不是剪裁历

---

① 《马克思恩格斯文集》第 3 卷，北京：人民出版社 2009 年版，第 444 页。

史事实的公式。

在唯物史观创立以前，唯心史观长期占据主导地位，唯心史观主张运用唯心主义的方法去研究历史问题，强调思想、观念、意志等因素对历史发展的决定性影响，从而忽视了社会存在的决定性作用。马克思恩格斯运用唯物主义的方法去研究历史问题，主张社会存在决定社会意识，从而发现了经济因素在历史发展过程中的决定作用。唯物史观实现了历史观的伟大变革，宣告了唯心史观的彻底破产，为人们正确认识和研究历史提供了科学指南。然而，以保尔·恩斯特为代表的德国社会民主党"青年派"则将唯物史观看做现成的教条和公式，甚至将经济基础决定上层建筑这一原理曲解为"经济唯物主义"。

德国社会民主党"青年派"隶属于小资产阶级派别，主要以青年学生和年轻著作家为主。他们以马克思主义理论家自居，但从不直接研究马克思的著述，习惯将二手材料作为自己研究的理论来源。因此，他们并不真正理解唯物史观的真正意涵，只是将其作为现成的公式，套用到各种事物之上，从而造成了对历史事实的误读和歪曲。所以，恩格斯特别强调："必须重新研究全部历史，必须详细研究各种社会形态的存在条件，然后设法从这些条件中找出相应的政治、私法、美学、哲学、宗教等等的观点。"[1] 在恩

---

[1] 《马克思恩格斯文集》第10卷，北京：人民出版社2009年版，第587页。

格斯看来，唯物主义只是研究历史问题的方法，不能将其作为解释一切的公式。人们若想获知历史真理，就应该从唯物主义的立场出发，重新研究历史发展过程中的诸要素，厘清这些要素对历史发展的作用。所以，唯物主义方法是研究历史的指南，不能将其作为现成的公式去剪裁各种历史事实。否则，历史研究只会重新跌入唯心主义的窠臼。

恩格斯在此特意批评了保尔·恩斯特教条地将唯物主义作为研究挪威社会的方法，从而忽视了挪威社会本身所具有的特性。其实，历史事实本身存在诸多差异，需要对其进行具体分析。恩斯特将挪威的社会情况归入小市民阶层的范畴，但却运用德国小市民阶层的眼光去看待挪威的小市民阶层。显然，恩斯特忽视了挪威小市民阶层与德国小市民阶层的差别，未能认识到挪威小市民阶层与德国小市民阶层并不处于相同的历史状态，从而导致了对挪威小市民阶层的误读和曲解，也就根本无法洞察挪威小市民阶层的真实情况。所以在恩格斯看来，恩斯特想要理解挪威的小市民阶层，需要运用唯物主义的研究方法对其进行全面而深刻的研究，方能把握其自身所具有的特性。

唯物史观作为马克思主义哲学的灵魂，提供了人们正确认识历史现象和历史发展过程的科学方法。因此，正确把握和运用唯物史观，需要克服理论上的教条主义和实践上的盲动主义。唯物史观不是僵死的教条，不能将其套用到任何历史事实之上。在恩格斯看来，德国社会民主党

"青年派"是以学理主义和教条主义的态度对待唯物史观，以为只要掌握了唯物史观的基本原理，就可以套用它去解释和研究一切历史事实。然而"青年派"意识不到的是历史事实本身存在差异，需要对其进行具体分析才能科学认识。所以，唯物史观只有与具体情况相结合，才能展现其真理力量。

恩格斯致奥托·冯·伯尼克

1890 年 8 月 21 日于多佛尔附近的福克斯通

所谓"社会主义社会"不是一种一成不变的东西，而应当和任何其它社会制度一样，把它看成是经常变化和改革的社会。

【论断】社会主义社会是经常变化的和改革的社会。

1890 年 6 月，柏林《人民论坛》上开展了关于未来社会产品分配方式的辩论。在参加辩论的人看来，"'社会主义社会'并不是不断改变、不断进步的东西，而是稳定的、一成不变的东西，所以它应当也有一个一成不变的分配方式"。[①] 而在恩格斯看来，"分配方式本质上毕竟要取决于有

---

① 《马克思恩格斯文集》第 10 卷，北京：人民出版社 2009 年版，第 586 页。

多少产品可供分配，而这当然随着生产和社会组织的进步而改变，从而分配方式也应当改变"。① 从这次辩论来看，德国相当多数的学者对社会主义社会还缺乏正确的认识。同年8月，奥托·冯·伯尼克为准备关于社会主义的讲演，于16日写信向恩格斯请教关于社会主义的问题，即在德国目前社会各阶级的教育、认识水平等方面存在差别的情况下，社会主义改造是否适宜和可能。

　　不同于空想社会主义者从抽象原则出发构建未来社会的做法，恩格斯始终是从资本主义社会的历史事实出发，通过研究资本主义生产方式的矛盾运动，揭示资本主义制度的弊端及其根源，从而勾画未来社会主义社会的轮廓。"社会主义自从成为科学以来，就要求人们把它当做科学来对待，就是说，要求人们去研究它。"② 尽管未来的社会主义社会尚未实现，但是恩格斯坚持用辩证唯物主义的发展观看待社会主义社会，认为社会主义社会不是一成不变的，而是和任何其它社会制度一样是经常变化和改革的社会，这就揭示出社会主义社会的发展特点，即"经常变化和改革"。整个人类社会是在不断运动和变化中发展的，任何一个社会历史阶段都不会在人类社会的完美的理想状态中结束，完美的社会只有在幻想中才能存在，依次更替的历史

---

① 《马克思恩格斯文集》第10卷，北京：人民出版社2009年版，第586页。
② 《马克思恩格斯文集》第2卷，北京：人民出版社2009年版，第219页。

阶段都只是人类社会由低级到高级的无穷发展进程的暂时阶段。

资本主义制度从产生以来就经历过多次变革和调整，这些在一定程度上缓解了资本主义的内在矛盾，促进了资本主义经济的发展，使得资本主义在当今仍然表现出一定的生命力。与此同时，资本主义的发展推动着世界社会主义革命的到来，预示着社会形态的更替。社会主义社会是人类社会发展的一个历史阶段，绝不是一经建立就意味着历史的终结，仍然是一个不断发展、进步和完善的历史进程。社会主义社会的发展变化根源于社会基本矛盾运动的作用，当生产力与生产关系处于不相适应的状态、经济基础与上层建筑处于不相适应的状态之时，就需要通过不断的改革去调整不适应的环节与因素，从而实现社会主义制度的自我完善。社会主义社会是发展变化的，人们对社会主义社会的认识也会随之发生变化，社会主义社会发展到什么程度，人们对它的认识就会进步到什么程度。正是在这种意义上，恩格斯不对社会主义社会作详细的设想和系统的规划，而主要是强调要根据历史事实和发展过程来得出符合客观事实的结论。

它同现存制度的具有决定意义的差别当然在于，在实行全部生产资料公有制（先是国家的）基础上组织生产。

【论断】社会主义社会同现存制度的决定性差别是在实

行全部生产资料公有制基础上组织生产。

　　基于唯物主义历史观，恩格斯指出："唯物主义历史观从下述原理出发：生产以及随生产而来的产品交换是一切社会制度的基础；在每个历史地出现的社会中，产品分配以及和它相伴随的社会之划分为阶级或等级，是由生产什么、怎样生产以及怎样交换产品来决定的。所以，一切社会变迁和政治变革的终极原因，不应当到人们的头脑中，到人们对永恒的真理和正义的日益增进的认识中去寻找，而应当到生产方式和交换方式的变更中去寻找；不应当到有关时代的哲学中去寻找，而应当到有关时代的经济中去寻找。"① 照此来看，"现代社会主义不过是这种实际冲突在思想上的反映，是它在头脑中，首先是在那个直接吃到它的苦头的阶级即工人阶级的头脑中的观念上的反映。"② 在恩格斯看来，资本主义生产方式出现之前，普遍存在着以劳动者私人占有生产资料为基础的小生产方式，而资本主义生产方式及其承担者即资产阶级的历史作用，就是把这些分散化的生产资料加以集中和扩大，把它们变成现代的强有力的生产杠杆。然而，基于资本主义私有制的生产方式，使得按照社会化方式生产的产品不归属那些真正使用生产资料和真正生产这些产品的人所有，而是归属于资本

---

① 《马克思恩格斯文集》第3卷，北京：人民出版社2009年版，第547页。
② 《马克思恩格斯文集》第9卷，北京：人民出版社2009年版，第285页。

家所有。如此，赋予新的生产方式以资本主义性质的这一矛盾就已经包含着现代资产阶级社会的一切冲突，即"新的生产方式越是在一切有决定意义的生产部门和一切在经济上起决定作用的国家里占统治地位，并从而把个体生产排除到无足轻重的残余地位，社会化生产和资本主义占有的不相容性，也必然越加鲜明地表现出来"。①

直到"社会化生产和资本主义占有的不相容性"冲突达到了顶点，生产方式就会反对交换方式，生产力就会反对已经被它超过的生产方式，由此表明资本主义生产方式暴露出它无法继续驾驭这种生产力，而这种生产力本身以日益增长的威力要求消除这种矛盾，要求摆脱它作为资本的那种属性，要求在事实上承认它作为社会生产力的那种性质。最终，资本主义的占有方式即产品起初奴役生产者而后奴役占有者的占有方式，就要让位于以那种现代生产资料的本性为基础的产品占有方式，即社会直接占有生产资料，个人直接占有生活资料和享受资料，而与这种占有方式相对应的社会形态正是社会主义社会。社会主义社会是在实行全部生产资料公有制基础上组织生产的，这正是社会主义社会同现存社会形态的具有决定意义的差别。

社会主义社会要在实行全部生产资料公有制基础上组

---

① 《马克思恩格斯文集》第9卷，北京：人民出版社2009年版，第287页。

织生产，首先需要国家以社会的名义占有生产资料。恩格斯指出："到目前为止在阶级对立中运动着的社会，都需要有国家，即需要一个剥削阶级的组织，以便维护这个社会的外部生产条件，特别是用暴力把被剥削阶级控制在当时的生产方式所决定的那些压迫条件下（奴隶制、农奴制或依附农制、雇佣劳动制）。"① 从这种意义上来看，国家是在形式上代表整个社会的那个阶级的国家，例如在古代是占有奴隶的公民国家，在中世纪是封建贵族的国家，在马克思恩格斯的时代是资产阶级的国家。而当国家真正成为整个社会的代表时，整个社会也就适宜于以国家为代表实行生产资料的公有制，整个社会也就在生产资料公有制基础上组织生产。那时，国家便成为多余的了。为此，恩格斯这样说："国家真正作为整个社会的代表所采取的第一个行动，即以社会的名义占有生产资料，同时也是它作为国家所采取的最后一个独立行动。"② 在实质上，资本主义生产方式日益迫使人们把大规模的社会化的生产资料变为国家财产，这样它本身就显示出完成这个变革的道路，即无产阶级将取得国家政权，并且首先把生产资料变为国家财产。

---

① 《马克思恩格斯文集》第 9 卷，北京：人民出版社 2009 年版，第 297 页。
② 《马克思恩格斯文集》第 9 卷，北京：人民出版社 2009 年版，第 297 页。

恩格斯致保尔·拉法格

1890 年 8 月 27 日于福克斯通尔贝尔维尤旅馆

所有这些先生们都在搞马克思主义，然而是 10 年前你在法国就很熟悉的那一种马克思主义，关于这种马克思主义，马克思曾经说过："我只知道我自己不是马克思主义者。"马克思大概会把海涅对自己的模仿者说的话转送给这些先生们："我播下的是龙种，而收获的却是跳蚤。"

【论断】自称为马克思主义者的人都在很大程度上偏离了马克思本人的思想观点。

在马克思之后，恩格斯作为马克思主义的共同创始人和马克思的亲密战友，多次引用他听闻过的马克思"我只知道我自己不是马克思主义者"的言论。在致康·施米特的信中，恩格斯指出："唯物史观现在也有许多朋友，而这些朋友是把它当做不研究历史的借口的。正像马克思就 70 年代末的法国'马克思主义者'所曾经说过的：'我只知道我自己不是马克思主义者'。"① 在给施密特致信半个多月后，恩格斯在致拉法格的信中，再次提到马克思关于自己

---

① 《马克思恩格斯文集》第 10 卷，北京：人民出版社 2009 年版，第 586 页。

不是马克思主义者的言论，即上述这段话。

　　无论是 70 年代末的法国"马克思主义者"，还是"唯物史观的许多朋友"，抑或"许多大学生、年轻资产者"等青年人，马克思恩格斯认为他们首先不是马克思主义的理论敌人，而是马克思主义的学习者和传播者，因此马克思恩格斯对他们的态度和方式并不是像对资产阶级理论家的批判方式那样严厉和彻底，而是通过"我只知道我自己不是马克思主义者"的方式来表达对跟随自己的人们的警醒：如果你们以所谓"马克思主义者"的方式来传播我们的理论学说的话，那么我们根本不是什么"马克思主义者"，所谓"马克思主义者"的方式必将给真正革命理论的发展和无产阶级革命实践的推进带来严重危害，应当立即停止这种所谓"马克思主义者"的方式。在恩格斯看来，他们都没有真正掌握马克思学说的精髓，都是对马克思思想观点作了面目全非的理解。在这段话中，恩格斯主要批判的是德国的"青年派"的政治策略和方法，指出"'青年派'忽视在非常法废除后党的活动条件发生的变化，否认利用合法斗争形式的必要性，反对社会民主党参加议会选举和利用议会的讲坛，蛊惑人心地指责党及其执行委员会维护小资产阶级利益，奉行机会主义，破坏党的民主"。[①] 因此，恩格斯认为他们的言行带有宗派主义、无政府主义的色彩，

---

① 《马克思恩格斯全集》第 38 卷，北京：人民出版社 1972 年版，第 609 页。

会对党的统一造成危险。

从恩格斯所引述的这段话延展开来，马克思的"我只知道我自己不是马克思主义者"言论更多地指涉着当时特殊语境中对待马克思主义的错误方式，而恩格斯对马克思言论的多次引用则生发着将"我只知道我自己不是马克思主义者"这一特殊表达提升到"什么是马克思主义、怎样对待马克思主义"的普遍性提问方式的可能。这是因为：首先恩格斯毕竟不是马克思本人，恩格斯在马克思逝世之后面临着如何理解和把握自己这位亡友的理论学说的问题，例如整理和出版《资本论》后两卷的艰巨任务就使恩格斯日益紧迫地感受到了这一理论任务的重要性。其次恩格斯作为马克思 40 年亲密战友的身份尚且存在如何理解和把握马克思主义的问题，更何况其他人面对这一问题的艰难性，这使得恩格斯屡次引用马克思的言论来警醒那些马克思主义的学习者和传播者。再次更为严峻的是，马克思主义是致力于"改变世界"的理论学说，马克思主义始终与各国无产阶级运动的成败、国际共产主义运动的兴衰联系在一起，如果人们在马克思主义的理解和把握方面出现失误、歪曲、差池，那么就会带来实践上的严重危害乃至巨大灾难，这使得恩格斯反复提出马克思多年前的言论来警告党内出现的错误思潮。上述几方面综合起来，便是"我只知道我自己不是马克思主义者"这一否定性表达所折射出来的对马克思主义的深度认同性问题，即究竟什么是马克思主义，怎样对待马克思主义。这一认同性问题由马克思恩格斯的独特方式提出，贯穿于马克思主义发展史的整个过程，并将始终伴随马克思主义的未来历程。

马克思主义的认同性问题经过马克思恩格斯的"我只知道我自己不是马克思主义者"这一表达之后，从19世纪末的第二国际直到20世纪国际共产主义运动的曲折反复，乃至21世纪马克思主义的开创，经历了无以计数的正统—偏离—发展—探索—再偏离—再发展—再探索……的过程，马克思主义观的问题即"什么是马克思主义、怎样对待马克思主义"的问题方式也由此成为一种连续性、持续性的现象。

恩格斯致约瑟夫·布洛赫

1890 年 9 月 21（—22）日于伦敦

根据唯物史观，历史过程中的决定性因素归根到底是现实生活的生产和再生产。无论马克思或我都从来没有肯定过比这更多的东西。

【论断】现实生活的生产和再生产对历史发展的决定性作用，只有在归根结底的意义上，才是正确的。

恩格斯从唯物史观的立场出发，论证了现实生活的生产和再生产在历史发展中的决定性作用。在恩格斯看来，生产本身分为两种，一是生活资料的生产，二是人自身的生产。在《德意志意识形态》中，马克思恩格斯以"真正实证科学"的方式论述了物质资料生产在人类社会发展过程中的基础性作用。"全部人类历史的第一个前提无疑是有生命的个人的存在。"①"现实的个人"构成了人类历史的第一个前提，而"现实的个人"得以存在的前提是：人必须能够生活。为了生活，人必须要满足吃穿住用等基本需求，由此人类就必须进行物质生活资料的生产。因此，物质生活资料的生产就成为了满足人的生存需要的第一个历史活动。当然，人不仅进行物质生活资料的生产，人还生产人自身，通过生育生产他人的生命，即种的繁衍。而为了维持人类社会的存在和发展，包括物质生活质料的生产和人自身的生产在内的社会生产必须反复进行和经常更新，即"再生产"的过程。"再生产"分为物质生活资料的再生产和人的再生产，其中物质生活资料的再生产是人的再生产的基础。只有反复地进行物质生活资料的生产，持续地为社会提供物质资料，才能使人类社会得以延续和发展。而人也通过不断繁衍、世代更替的过程，使人口总体不断延续，从而为物质生活资料的再生产提供主体条件。总之，马克思恩格斯采用追根溯源的论证方法，揭示了现实生活

① 《马克思格斯文集》第 1 卷，北京：人民出版社 2009 年版，第 519 页。

的生产和再生产在人类社会发展中的基础性和必要性，从而将其作为历史过程中的决定性因素。

现实生活的生产和再生产是历史过程的决定性因素，但是，真正推动社会历史进步的则是生产力因素。在唯物史观视域下，人类社会基本矛盾是人类社会发展的根本动力，人类社会基本矛盾由生产力和生产关系、经济基础和上层建筑的矛盾构成，在这一矛盾的运动中，生产力因素才是社会发展的最终决定力量。所谓生产力，就是人们从事物质生活资料生产的能力，是人的本质力量在社会历史中的展开。生产力是判断一个社会发展阶段的根本标准，决定着人类历史的发展进程。不同的生产力水平对应着不同的发展阶段，"手推磨产生的是封建主的社会，蒸汽磨产生的是工业资本家的社会"。① 生产力的发展推动着社会历史的变革，正如现代科学的发展和技术的广泛应用，极大提高了社会生产力水平，使得人类社会从封建社会过渡到了资本主义社会。因此，整个人类社会的发展就是先进生产力取代落后生产力的过程，只有不断解放和发展生产力，才能为社会进步和人的自由发展奠定坚定的物质基础。

需要注意的是，马克思恩格斯只是在归根结底的意义上，将现实生活的生产和再生产作为历史过程的决定性因素。也就是说，经济因素是人类社会发展的决定因素，但

---

① 《马克思恩格斯文集》第 1 卷，北京：人民出版社 2009 年版，第 602 页。

是并非唯一的因素。因为人类社会是由经济、政治、历史、自然、文化等诸多领域构成的复杂整体，其发展也是多种因素共同作用的结果。诚然，经济基础决定上层建筑，有什么样的经济基础就要求有什么样的上层建筑与之相适应。但是上层建筑一经产生，就具有相对独立性，并且能够对经济基础发挥反作用，从而极大地影响人类历史的发展进程。不难发现，人类历史的重大变革并非完全由经济因素推动，政治活动和思想活动也在其中发挥着举足轻重的作用。同时，经济因素对其它因素的影响并不总是直接的，而经常是间接的、疏远的，因此不能把一切事物的发展原因或动力都归结为经济因素。正是在这种意义上，马克思恩格斯只承认现实生活的生产和再生产是人类历史发展的最终根源和最终动因，并未否认非经济因素的积极影响，即现实生活的生产和再生产只有在归根结底的意义上，才是历史发展的决定性因素，而在直接的意义上，并不一定是历史发展的决定性因素。

如果有人在这里加以歪曲，说经济因素是唯一决定性的因素，那么他就是把这个命题变成毫无内容的、抽象的、荒诞无稽的空话。

【论断】经济决定论是对唯物史观片面的、庸俗的理解，遮蔽了马克思主义历史辩证法的科学内涵。

马克思恩格斯在归根结底的意义上，强调经济因素对历史发展的决定性作用。然而，以保尔·巴尔特为代表的资产阶级学者以及德国社会民主党"青年派"未能全面、准确把握历史唯物主义，将其歪曲为"经济唯物主义"，造成了对唯物史观的片面、庸俗理解。为了回击错误思潮，恩格斯深刻剖析"经济唯物主义"的荒谬所在，捍卫唯物史观的辩证立场。"经济唯物主义"即"经济决定论"，它在实质上是一种形而上学的机械决定论，将经济因素视为历史发展的唯一动力，完全忽视了非经济因素的作用和地位。其实，经济决定论是典型的"唯生产力论"，认为社会发展是生产力发展的自然结果，只要生产力不断发展，社会形态的进步乃至共产主义就会自动来临。显然，经济决定论不仅对非经济因素的作用视而不见，也抹杀了人民群众在历史发展中的主体作用。因此，经济决定论造成了思想上的极大混乱，在无产阶级队伍中产生了极其恶劣的负面影响，甚至误导了国际共产主义运动的方向。

经济决定论者将唯物史观简单地理解为"经济唯物主义"，遮蔽了马克思主义历史辩证法的科学内涵。若依据经济决定论的判断，经济因素是人类历史的唯一决定性因素，那么人类社会的政治活动、思想文化活动等其他活动将变得毫无意义。在恩格斯看来，"这并不是说，只有经济状况才是原因，才是积极的，其余一切都不过是消极的结果。"①

---

① 《马克思恩格斯文集》第 10 卷，北京：人民出版社 2009 年版，第 668 页。

非经济因素也同样能对历史发展发挥重要的积极作用。其实，唯物史观本身既是唯物的，又是辩证的，它对历史进程的分析不是基于单一因素，而是对社会诸多因素的综合考量。一方面，唯物史观在归根结底的意义上将经济因素而非精神因素作为社会历史发展的决定性因素，实现了对唯心史观的超越，从而把历史观建立在科学的唯物主义基础上。另一方面，唯物史观肯定了经济因素和非经济因素的辩证关系，正是在经济因素和其它因素的相互作用下，人类历史才能不断实现出来。

恩格斯对经济决定论的批判澄清了对唯物史观的错误理解，引导人们全面准确地看待唯物史观。其实，马克思主义自诞生以来的历史和实践证明，同对待马克思主义的错误方式进行斗争是捍卫马克思主义的重要方式。在对待马克思主义的方式上，教条主义和实用主义等错误方式依然在较广范围和较深程度上存在，例如一些人总是把马克思主义当做指导当前社会经济活动的直接指南和拿来就能用的方法，这种从纯粹实用角度来对待马克思主义的方式忽视了马克思主义的内容丰富性，因而对马克思主义的外在形象彰显和内在价值展现造成了负面影响。如果放任错误方式肆意蔓延，就会遮蔽马克思主义的真理力量和当代价值。因此，真正的马克思主义者必须具备敢于斗争的理论勇气，主动运用马克思主义基本原理和基本方法对对待马克思主义的错误方式进行揭露和批判，从而捍卫马克思主义的科学性。

经济状况是基础，但是对历史斗争的进程发生影响并且在许多情况下主要是决定着这一斗争的形式的，还有上层建筑的各种因素：阶级斗争的各种政治形式及其成果——由胜利了的阶级在获胜以后确立的宪法等等，各种法的形式以及所有这些实际斗争在参加者头脑中的反映，政治的、法律的和哲学的理论，宗教的观点以及它们向教义体系的进一步发展。

【论断】经济基础和上层建筑的相互作用推动着历史发展的进程。

恩格斯在这里以上层建筑为切入口，着重分析经济基础和上层建筑对历史斗争的影响和作用。虽然经济基础是决定历史斗争的基础，但是也不可忽视上层建筑诸多因素的重要作用。上层建筑中的阶级斗争、政治、法律和意识形态等因素都会对历史斗争产生影响，甚至在一定条件下决定着历史斗争的形式。历史斗争作为阶级社会的必然现象，影响着社会统治秩序的变更。当代表生产力发展要求的积极的、进步的阶级和落后的、反动的阶级进行历史斗争的时候，在斗争中获胜的阶级会建立符合自身阶级利益的上层建筑，以新的上层建筑取代旧的上层建筑，从而巩固自身的统治地位。尤其是在资产阶级力图取得统治地位的时代，资产阶级作为统治阶级会更加明显地表现出上层建筑对于历史斗争的重要作用。首先，统治阶级往往会确立以宪法为核心的法律体系，宣告自身统治地位的合法性。任何对统治阶级的统治地位的挑战，都会受到法律的惩罚。其次，统治阶级会将自身的阶级意志渗透于上层建筑的各个领域，进一步维护自身统治的合法性。例如，资产阶级在取得反封建的斗争胜利之后就"把一切封建的、宗法的和田园诗般的关系都破坏了"，[①] 从而开始以自身的面貌建立一个新世界。可以说，资本主义经济基础若不是仰赖资本主义上层建筑的力量，就无法得到巩固和发展。所以，上层建筑集中展现了统治阶级的意志，强有力地支配着社会生活的诸多领域。

在恩格斯看来，作为历史发展重要动力的上层建筑，是由多种因素发挥相互作用而导致的结果，不能完全归结为经济因素。在同样的意义上，人类社会历史的发展进程，也是以经济为基础、多种因素共同作用的结果。经济基础对历史发展具有最终的决定性作用，但是上层建筑的诸多要素并非可有可无，而是以特定的方式发挥出至关重要的作用，从而影响着历史发展的进程。

这里表现出这一切因素间的相互作用，而在这种相互作用中归根到底是经济运动作为必然的东西通过无穷无尽

---

① 《马克思恩格斯文集》第2卷，北京：人民出版社2009年版，第34页。

的偶然事件（即这样一些事物和事变，它们的内部联系是如此疏远或者是如此难于确定，以致我们可以认为这种联系并不存在，忘掉这种联系）向前发展。否则把理论应用于任何历史时期，就会比解一个简单的一次方程式更容易了。

【论断】经济活动作为支配历史发展的必然性，通过政治活动的偶然性表现出来。

事物的发展是必然性和偶然性辩证统一的过程。必然性是事物本质所决定的确定不移的联系和不可避免的趋势，而偶然性则是事物非本质的因素引起的不确定趋向。其实，关于历史发展究竟是必然的还是偶然的争论自古有之。一些思想家往往将必然性和偶然性完全割裂开来，否认二者之间的内在联系。唯心主义者则将必然性和偶然性的关系视为纯粹主观的东西，否定其客观性，从而为事物的发展蒙上了神秘的面纱。而马克思恩格斯则从唯物史观的立场出发，来理解必然性和偶然性的辩证关系。"被断定为必然的东西，是由纯粹的偶然性构成的，而所谓偶然的东西，是一种有必然性隐藏在里面的形式。"[1] 在唯物史观的视域下，必然性和偶然性是相互依存的，必然性存在于偶然性之中，并且通过偶然性表现出来，没有脱离偶然性的必然性；而偶然性是必然性的表现形式和必要补充，并且受必

---

[1] 《马克思恩格斯文集》第4卷，北京：人民出版社2009年版，第299页。

然性的制约。唯物史观关于必然性和偶然性关系的认识，科学揭示了客观事物发生、发展和消亡的不同趋势，为人们揭示历史过程中一切因素的相互作用提供了理论依据。

历史发展是经济基础和上层建筑相互作用的结果，经济活动归根结底是必然性的因素通过无穷无尽的偶然事件表现出来。这是因为，经济活动始终受到生产力因素的制约，表现出一定的、必然的和不以人的意志为转移的客观趋势。所以经济活动是一种必然性存在，在维持人类社会的存在和延续的同时，开辟着人类历史的发展道路。而上层建筑建立在一定经济基础之上，受到经济基础的制约和影响。相对于经济活动，上层建筑的各和因素属于历史过程中的偶然性因素，同样能够对历史发展产生作用。"如果'偶然性'不起任何作用的话，那么世界历史就会带有非常神秘的性质。这些偶然性本身自然纳入总的发展过程中，并且为其他偶然性所补偿。"① 这其中的关键之处在于，经济运动总要通过被它在根本上所决定的上层建筑诸因素等无数偶然性来体现自身、贯彻自身。就上层建筑的每一个因素自身来看，它们似乎都是远离经济运动的，几乎很难发现每一个因素与经济运动的直接联系，即"它们的内部联系是如此疏远或者是如此难于确定"，但是，每一个因素在归根结底的意义上都与经济运动产生着千丝万缕的联系，

---

① 《马克思恩格斯文集》第 10 卷，北京：人民出版社 2009 年版，第 354 页。

或者是在经济运动的基础上以间接、曲折的形式产生的，这就使得在无穷无尽的上层建筑偶然性之中，始终贯穿着一条作为必然性的经济运动之主线，这一主线恰恰是人们正确认识人类历史的基本尺度。

恩格斯从必然性和偶然性的辩证关系来分析历史发展问题，旨在回应唯物史观所面临的现实挑战。在恩格斯看来，唯物史观绝非"唯生产力"的简单公式，经济活动也不是决定历史发展的唯一因素，凡是把唯物史观简单化、庸俗化的做法，都背离了马克思主义方法的精神实质，从而也就无法真正把握历史发展的脉搏。

我们自己创造着我们的历史，但是第一，我们是在十分确定的前提和条件下创造的。其中经济的前提和条件归根到底是决定性的。但是政治等等的前提和条件，甚至那些萦回于人们头脑中的传统，也起着一定的作用，虽然不是决定性的作用。

【论断】人们在十分确定的前提和条件下创造历史，其中经济的前提和条件是决定性的，上层建筑的各种因素起着一定作用。

约瑟夫·布洛赫在 1890 年 9 月 3 日的信中向恩格斯提出两个问题，第一个问题是为什么在血缘家庭绝迹之后，在希腊人那里兄弟姐妹之间的婚姻并没有成为非法的；第二个问题是根据唯物史观，经济关系是唯一的决

定性因素，还是只在一定程度上是其他所有关系的坚实
基础，而其他关系本身也还是能发生作用的？上述这段
话就是恩格斯对第二个问题的概括性回答。恩格斯指出，
唯物史观明确表达的是"历史过程中的决定性因素归根
到底是现实生活的生产和再生产"，① 而有人将其歪曲为
"经济因素是唯一决定性因素"，实质是把这一命题变成了
毫无内容的、抽象的、荒诞无稽的空话。恩格斯强调，经
济状况是基础，上层建筑的各种要素也对历史进程产生影
响。在任何历史时期，都表现出一切因素间的相互作用，
而"在这种相互作用中归根到底是经济运动作为必然的东
西通过无穷无尽的偶然事件向前发展"。② 也就是说，历史
发展是合力，是多种因素相互作用的结果，是必然性与偶
然性的统一。为此，恩格斯指出人们在"十分确定的前提
和条件"下创造历史，"十分确定的前提和条件"包括经济
的前提和条件、政治的前提和条件等，其中经济的前提和
条件是决定性的，政治的前提和条件等其他因素发挥着一
定作用。

　　人们在创造历史的过程中，经济的前提和条件起着决
定性作用。马克思指出，人们自己创造自己的历史，但
"不是在他们自己选定的条件下创造，而是在直接碰到的、

---

① 《马克思恩格斯文集》第 10 卷，北京：人民出版社 2009 年版，第 591 页。
② 《马克思恩格斯文集》第 10 卷，北京：人民出版社 2009 年版，第 591—
　　592 页。

既定的、从过去承继下来的条件下创造"。① 每一代人只有在前人奠定的基础上，继续从事创造历史的活动，而经济条件作为一定社会发展阶段的生产力和生产关系的反映，是人们创造历史的基础，决定着社会发展的方向。一方面，人们创造历史，总是基于一定社会的生产力水平。任何生产力都是以往人们活动的产物，作为一种既得力量被人们所掌握。人们无法选择生产力，只有在现有生产力水平下从事创造历史的活动。另一方面，人们创造历史会以一定社会的生产关系为基础。生产关系不是凭空产生的，而是随着生产力的发展而不断演进。有什么样的生产力，就会有什么样的生产关系。人们无法选择生产力，同样无法选择生产关系，只有在现有生产关系下从事创造历史的活动。可见，人们创造历史离不开生产，历史是什么样的，这同人们的生产一致，既和人们生产什么一致，又和人们怎样生产一致。

　　人们在创造历史的过程中，上层建筑的各种因素发挥着一定作用。恩格斯认为，对历史斗争的进程发生影响并且在许多情况下起决定性作用的还有上层建筑的各种因素，这些因素也就是恩格斯在这段话中提及的"政治等等的前提和条件""萦回于人们头脑中的传统"，包括阶级斗争的

---

① 《马克思恩格斯文集》第 2 卷，北京：人民出版社 2009 年版，第 470—471 页。

各种政治形式及其成果、各种法的形式以及实际斗争在参加者头脑中的反映等。对此，恩格斯进行了举例说明。恩格斯指出，普鲁士国家是由于历史的、经济的原因而产生出来和发展起来的，但在北德意志的许多小邦中，勃兰登堡成为一个体现南北部经济差异、语言差异、宗教差异的强国，不只有经济的必然性使然，也有偶然性的因素发挥着作用，在这些因素中首先起作用的就是它掌握了普鲁士而卷入了波兰事件，并因而卷入了国家政治关系，这种关系在奥地利王室权力的形成过程中起着决定性作用。因此，恩格斯强调不能单从经济上说明某一国家的历史，否则就会闹出笑话。总的来说，上层建筑的各种因素作为经济基础的反映，对人们创造历史的活动具有制约作用。当人们创造历史的活动与上层建筑的各种因素相符合之时，就会得到上层建筑的肯定和助益，而当人们创造历史的活动与上层建筑的各种因素不相符合之时，就会受到上层建筑的阻碍和掣肘。因此，人们自己创造自己历史的过程既受到经济因素的决定性作用，也受到上层建筑各种因素所发挥的作用。

　　历史是这样创造的：最终的结果总是从许多单个的意志的相互冲突中产生出来的，而其中每一个意志，又是由于许多特殊的生活条件，才成为它所成为的那样。

　　【论断】历史是许多单个人的意志相互冲突的结果。

　　恩格斯肯定经济因素对历史起决定性作用，也肯定上层建筑的各种要素对历史发挥一定作用，甚至在一定条件下发挥决定性作用。如果上层建筑的各种因素对历史发挥作用，那么这些因素又是如何发挥作用的呢？在这句话中，恩格斯揭示了意志这一观念上层建筑对历史发挥作用的方式。恩格斯指出，历史是从许多单个的意志的相互冲突中产生出来的。这表明，意志尤其是单个人的意志通过相互冲突的方式对历史发挥作用。

　　马克思曾指出："历史不过是追求着自己目的的人的活动而已。"① 恩格斯也指出："无论历史的结局如何，人们总是通过每一个人追求他自己的、自觉预期的目的来创造他们的历史，而这许多按不同方向活动的愿望及其对外部世界的各种各样作用的合力，就是历史。"② 历史活动带有强烈的个人的意志、动机、意图和理念，而且社会历史中的人都是独立的个体，每一个个体意志由于许多特殊的生活条件，都表现出极不相同的样态。这样，个人意志间必然会产生冲突，因为任何一个人的愿望都会受到另一个人的妨碍，个人意志间的相互冲突导致最后出现的结果是谁都没有希望过的事物，历史正是这样创造出来的。恩格斯认为历史是一个作为整体的、不自觉地和不自主地起着作用

---

① 《马克思恩格斯文集》第1卷，北京：人民出版社2009年版，第295页。
② 《马克思恩格斯文集》第4卷，北京：人民出版社2009年版，第302页。

的力量的产物，其中的每个人都带着自己的意志参与到历史活动中，并从不同方面对历史的发展产生作用，影响着历史发展的方向，尽管历史结果不会像每个人所希望的那样。

这样就有无数互相交错的力量，有无数个力的平行四边形，由此就产生出一个合力，即历史结果，而这个结果又可以看做一个作为整体的、不自觉地和不自主地起着作用的力量的产物。因为任何一个人的愿望都会受到任何另一个人的妨碍，而最后出现的结果就是谁都没有希望过的事物。

【论断】人类历史的发展是无数多的个体力的合力作用的结果，不以单个人的意志为转移。

人类历史的发展不是单向的、直线式的，而是复杂曲折的发展过程，这就对人们把握历史发展的动力造成了诸多困难。恩格斯通过平行四边形之喻，形象地阐发了人类历史发展的合力作用。在历史发展的过程中，诸多个人的力量成为涌现在历史中的无数多的个体力，这些个体力相互交织、相互影响，就像无数个力的平行四边形。而这些无数平行四边形所形成的合力，就成为了推动历史发展的基本力量。这种合力是一种整体性的力量，是人们在不自觉、不自主的过程中形成的、不受单个人意志所左右的客观力量。因为人类的历史活动是相互联系、相互制约的，社会发展的结果并不像人们头脑中所想象的那样，能够完全实现自身的愿望。相反，人们的愿望经常互相干扰、彼此冲突，从而造成历史发展的结果与人们的愿望并不一致。正是在这种意义上，历史发展的结果所反映的就不是单个人的意志，而是许多单个人的意志合力。

其实，黑格尔也曾从理性的角度出发，分析了事物发展的过程。理性是黑格尔哲学的核心范畴，也是支配事物发展的决定力量。"理性是有技巧的，同时也是有威力的。"① 在黑格尔看来，理性作为一种客观精神，使整个世界都处于它的支配之下，这种理性活动促使事物按照它们自己的本性，彼此互相影响，互相削弱，而理性自己并不直接干预事物本身的发展过程，却正好通过相互影响的过程实现了理性自己的目的。不难看出，黑格尔已经发现人们的目的性活动，受到一定的、不以人的意志为转移的客观力量的支配。只不过在他那里，理性被视为这种客观力量的来源。理性通过自身力量，使人们之间相互影响、相互制约，从而使任何人都不能完全实现自身的目的，但理性却可以轻而易举地实现自身目的。事物的发展只是一种"理性的狡计"，人受到了理性活动的支配。显然，黑格尔的"理性的狡计"与恩格斯的历史合力论表达了相似的历

———————————

① ［德］黑格尔：《小逻辑》，贺麟译，北京：商务印书馆1996年版，第394页。

史效果，即历史发展遵循着不以人的意志为转移的客观规律。只不过，恩格斯认为人是历史的主体和创造者，人们的意志合力推动着历史的发展，而黑格尔则是从客观唯心主义的立场出发，将事物的发展寄托于理性的力量。

需要注意的是，唯物史观将社会基本矛盾作为推动历史发展的根本动力，而恩格斯又在这里将历史事件视作意志合力的结果，二者似乎形成了一定的矛盾。其实，恩格斯是在唯物史观的基础上，运用"历史合力论"对唯物史观进行了解释和补充。因为当时的资产阶级学者和德国社会民主党"青年派"将唯物史观歪曲为"经济唯物主义"或"经济决定论"，只承认经济因素是历史发展的唯一动力，完全否认非经济因素的影响。为了反驳这一错误思潮，恩格斯肯定了经济因素归根结底是历史发展的决定性因素，但非经济因素也会对历史发展产生影响。恩格斯正是在强调经济因素和非经济因素的相互作用的基础上，指出了历史发展的"属人性"。也就是说，人类在历史发展的过程中并不是完全消极被动的，人类能够自己创造自己的历史，而人们创造历史的过程表现为"意志合力"的结果。所以，历史合力论是立足于唯物史观之上，着重强调人在历史发展过程中的积极作用，并未偏离唯物史观的范畴，反而是进一步丰富和发展了唯物史观。

所以到目前为止的历史总是像一种自然过程一样地进

行，而且实质上也是服从于同一运动规律的。

【论断】 人类历史的发展具有自然的客观性，受到一定历史规律的支配。

在恩格斯看来，以往的历史发展具有自然过程一样的性质。厘清这一判断，首要的是明确自然界进化过程的特点。自然界的进化过程，也就是自然界自身生成、发展和消亡的过程。随着近代科学的深入发展，特别是细胞学说、能量转化和守恒定律、进化论的发现，揭开了自然界发展的真实面貌。"一切僵硬的东西溶解了，一切固定的东西消散了，一切被当做永恒存在的特殊的东西变成了转瞬即逝的东西，整个自然界被证明是在永恒的流动和循环中运动着。"① 自然界具有自身运动、变化和发展的规律，不以人的意志为转移，但是同样能被人们认识和把握。恩格斯将社会历史发展过程视为自然过程，旨在强调社会历史发展的客观规律性。一方面，社会历史的发展是人们意志合力的结果，与自然界无意识的发展过程具有本质区别。但是，历史合力作为一种整体性力量，不受单个人的意志所左右，导致历史发展的结果具有一定的盲目性和自发性，就像自然界的进化过程一样。由此可知，自然历史和社会历史的发展都具有客观性，不以人的意志为转移。另一方面，自然界和人类社会的发展都受客观规律的支配，自然规律支

---

① 《马克思恩格斯文集》第 9 卷，北京：人民出版社 2009 年版，第 418 页。

配着自然界的进化过程，而历史规律支配着人类社会的发展。同时，自然规律和历史规律作为一种必然性存在，都是通过偶然性表现出来的，在偶然性中实现自身的必然性。

马克思在《资本论》第一版序言中指出："我的观点是把经济的社会形态的发展理解为一种自然史的过程。不管个人在主观上怎样超脱各种关系，他在社会意义上总是这些关系的产物。"① 在马克思看来，社会经济形态的发展是客观的，与自然界一样也是合乎规律的过程。而人自身处于一定的社会关系之中，无法摆脱社会规律的支配。而马克思的《资本论》，就是要运用类似于自然科学的方法去研究人类社会，通过揭示现代社会的经济运动规律，来减轻和缩短历史发展的自然过程及其负面代价。

马克思恩格斯关于历史发展的自然过程的思想，对认识人类社会的发展规律具有重要意义。以往人类历史的发展之所以是自然过程，就在于人们未能准确把握人类社会的发展规律。而马克思恩格斯正是认识到了社会历史发展的自然过程性质，由此他们才能够揭示人类社会的客观规律。唯物史观的重大贡献就在于科学揭示了人类历史发展的客观规律，在认清以往历史发展过程的基础上，指明了人类社会的未来发展方向。因此，人们要坚持以唯物史观为指导，正确认识和把握人类社会的客观规律，按照客观

---

① 《马克思恩格斯文集》第 5 卷，北京：人民出版社 2009 年版，第 10 页。

规律开展创造性活动，从而将人类历史的自然过程性质驾驭在自由自觉活动之中。

但是，各个人的意志——其中的每一个都希望得到他的体质和外部的、归根到底是经济的情况（或是他个人的，或是一般社会性的）使他向往的东西——虽然都达不到自己的愿望，而是融合为一个总的平均数，一个总的合力，然而从这一事实中决不应作出结论说，这些意志等于零。相反，每个意志都对合力有所贡献，因而是包括在这个合力里面的。

【论断】各个人的意志最终将融合进历史的总的合力中。

人作为有生命的自然存在物，在满足自身生存需要的同时又会产生许多新的诉求和愿望。然而，人们的愿望并不是凭空产生的，受到现实社会条件的制约，归根结底是由现实的经济状况决定的。因为经济条件不仅决定着人们思想愿望的形成，还决定着人们思想愿望能否实现以及实现的程度。一方面，人们的思想愿望建立在一定的经济条件之上，受到经济条件的制约和影响。人们总是在现有的经济条件下，去追求自身所向往的东西。另一方面，人们的愿望能否实现、实现到什么程度也取决于经济条件。当人们的愿望与一定社会经济发展条件相适应，就具有实现的可能。反之，若人们的愿望与社会经济发展条件相背离，就无法得到实现。当然，人们的愿望也不是一成不变的，随着社会生产力的发展，它会变得越来越丰富和多样化。所以，人们的思想愿望背后隐藏着不以人的意志为转移的经济条件，经济条件最终决定着人们思想愿望的形成和发展。

身处于一定历史阶段的个人，总是希望依靠一定的社会条件去实现自身的愿望。可是在历史发展的过程中，人们的预期目标往往很难如愿以偿，正所谓"世上事十之八九不如意"。由于现实生活条件的差异，人们的愿望并不一致，相互之间不可避免地产生制约和妨碍，致使每个人都不可能完全实现自身的愿望。但是，人们的愿望却在相互冲突的过程中形成一个总的平均数，形成一个总的合力，推动着历史不断向前发展。可见，人们的愿望与历史发展的结果并不符合，受到表现为一种意志合力的客观力量的支配。虽然历史的发展是由历史合力促成的，但也不可否认单个意志的作用和贡献。单个人的意志与意志合力是相互联系、不可分离的。单个人的意志并不超脱于意志合力之外，而是意志合力的组成部分，而意志合力也无法脱离许多单个人的意志而独立存在。因此，社会历史是社会整体和社会个体共同作用的结果，每一个人都参与到历史发展之中，许多单个人的意志在相互冲突中融合成历史合力，进而对历史发挥作用。

青年们有时过分看重经济方面，这有一部分是马克思和我应当负责的。我们在反驳我们的论敌时，常常不得不强调被他们否认的主要原则，并且不是始终都有时间、地点和机会来给其它参与相互作用的因素以应有的重视。

【论断】恩格斯对经济决定论的产生原因进行了自我批评。

恩格斯之所以在此反省经济决定论产生的自身原因，是与当时德国社会民主党"青年派"的思想立场紧密相关的。德国社会民主党"青年派"是以大学生、文学家和无政府主义者为主体的青年人，当时德国社会民主党内的"青年派"教条地看待历史唯物主义，将历史唯物主义简单化、庸俗化，从而遮蔽了历史唯物主义的科学内涵。为了捍卫历史唯物主义，恩格斯对以恩斯特为代表的"青年派"的非马克思主义立场进行了揭露和批判。"如果不把唯物主义方法当做研究历史的指南，而把它当做现成的公式，按照它来剪裁各种历史事实，那它就会转变为自己的对立物。"① "青年派"正是把历史唯物主义作为一种现成公式，套用到各种历史事实中去，进而机械地理解经济因素对历史发展的决定作用，忽视了上层建筑各种因素的反作用。尽管"青年派"将马克思主义阐述得面目全非，为资产阶级学者攻击马克思主义提供了口实，但是恩格斯并未将责任完全归咎于他们，而是主动反思了马克思和自己应当承

---

① 《马克思恩格斯文集》第 10 卷，北京：人民出版社 2009 年版，第 583 页。

担的责任。

　　马克思恩格斯在创立唯物史观之初，主要的论战对象是占主流地位的唯心史观，这一点在客观上迫使他们只能运用唯物主义的立场去反对唯心主义的历史观。唯心史观是非科学的历史观，主张社会意识决定社会存在，将人类社会发展的终极原因归结为精神因素。由于生产力水平的限制和统治阶级的偏见，唯心史观曾在人类历史上长期占据统治地位，使得人们无法全面准确地认识人类历史发展进程。在马克思恩格斯看来，唯心史观颠倒了社会存在和社会意识的关系问题，忽视了社会发展的客观规律，进而掩盖了人类历史发展的真相。因此，马克思恩格斯在反驳唯心史观的过程中，特别强调社会存在决定社会意识、经济基础决定上层建筑的唯物主义原则，进而推翻唯心史观在社会历史理论中的统治地位。由此可知，唯物史观是对唯心史观的超越，第一次把历史研究建立在科学的基础上。在这一过程中，恩格斯清醒地认识到，正是由于马克思与自己对唯物史观的唯物主义原则的强调，相应地就无法充分阐述社会存在与社会意识、经济基础与上层建筑的辩证关系，致使部分的青年人产生了"经济唯物主义"的错误认识。

　　在反对唯心史观的斗争中，马克思恩格斯强调唯物史观的唯物主义原则并无不妥，但是恩格斯仍然进行了自我反省。可见，马克思主义并非一成不变的绝对真理，而是需要不断充实完善的理论。恩格斯的自我反思同时表明，自我批判精神是马克思主义的重要理论品质，是马克思主义对待自身的科学态度。马克思主义只有始终秉持自我批判的态度，不固守已有的结论和观点，根据不断变化的客观实际来消除和超越自身理论的局限性，才能够更好地回应时代发展的新挑战。

　　但是，只要问题一关系到描述某个历史时期，即关系到实际的应用，那情况就不同了，这里就不容许有任何错误了。可惜人们往往以为，只要掌握了主要原理——而且还并不总是掌握得正确，那就算已经充分地理解了新理论并且立刻就能够应用它了。

　　【论断】 全面准确地掌握理论，并且做到理论联系实际，是理论应用于实际的必要要求。

　　恩格斯对理论应用于实际过程中所存在的错误倾向进行了批评。马克思主义一方面是复杂的理论体系，绝非掌握几条主要原理就意味着掌握了马克思主义，另一方面作为实践的理论，马克思主义只有与客观实际相结合，才能展现出自身的现实生命力，这就对理论提出了理论联系实际的要求。具体来说，人们应该从经济基础和上层建筑的辩证关系去理解唯物史观，摒弃"经济唯物主义"的错误思潮，但是人们在学习和应用马克思主义的过程中，往往未能原原本本地学习原著，并且忽视了理论应用于实际的条件，从而导致了理论上的混乱。

一方面，人们仅仅通过掌握主要原理来掌握理论，从而忽视了马克思主义所固有的丰富性和复杂性。在恩格斯看来，当时很多马克思主义学习者并未认真研读马克思的著作，只是截取了其中的主要原理，其中还有很多错误的成分，就急切地将其应用到实际中，从而导致了对马克思主义的歪曲和否定。例如，"经济唯物主义"思潮之所以产生，就在于人们没有全面掌握唯物史观，只是抓住了其中的部分论断，就将经济因素当作了决定历史发展的唯一因素。另一方面，人们以为只要充分掌握了新理论就可以应用它，从而忽视了理论应用的条件。"我们的理论是发展着的理论，而不是必须背得烂熟并机械地加以重复的教条。"①马克思主义是与时俱进、不断发展的理论，而不是"放之四海而皆准"的万能公式。恩格斯不赞成把马克思主义终极化、教条化，反对运用某一理论解释所有问题，而是主张具体问题具体分析，一切以时间、地点和条件为转移。

恩格斯对人们学习和应用马克思主义态度的批判，对当代人具有重要的启示意义。马克思主义经典著作阅读是掌握马克思主义科学体系、体悟马克思主义基本原理的主要途径之一。马克思主义经典作家并没有构建自己理论的科学体系，也没有提出以"马克思主义"为名的基本原理，

① 《马克思恩格斯文集》第10卷，北京：人民出版社2009年版，第562页。

现有的马克思主义科学体系和基本原理是后世马克思主义者构建出来的。对于构建马克思主义科学体系和基本原理这一工作来说，发挥着极端重要的决定性作用的因素便是对马克思主义经典著作的反复阅读和合理把握。马克思主义经典著作蕴含着马克思主义的基本原理，是马克思主义学说的基础和本原。"我请您根据原著来研究这个理论，而不要根据第二手的材料来进行研究——这的确要容易得多。"①恩格斯始终强调，学习马克思主义基本原理要立足于原著，而不是仅仅依靠二手资料。在掌握经典著作的基础上，要注意把马克思主义基本原理和客观实际情况相结合，从而将马克思主义转化为自己的"看家本领"。正如习近平总书记所说："要原原本本学习和研读经典著作，努力把马克思主义哲学作为自己的看家本领。"②

恩格斯致康拉德·施米特

1890 年 10 月 27 日于伦敦

　　每一个时代的哲学作为分工的一个特定的领域，都具

---

① 《马克思恩格斯文集》第 10 卷，北京：人民出版社 2009 年版，第 593 页。
② 习近平：《推动全党学习和掌握历史唯物主义 更好认识规律更加能动地推进工作》，载《人民日报》，2013 年 12 月 5 日。

有由它的先驱传给它而它便由此出发的特定的思想材料作
为前提。

【论断】　每一种特定哲学的发展都是建立在传统的和现
有的思想基础上。

此段话主要是分析哲学的产生及其发展前提。首先，
哲学本身是分工的结果，是隶属于精神领域的特定活动。
在过往的认识中，哲学习惯性地被视为一种纯粹思维活动，
而容易忽视其产生的现实条件。其实，哲学并不是从来就
有的，而是社会化分工的结果。在分工出现之前，不存在
专门的精神生产，也就没有哲学。毫无疑问，正是分工在
人类社会的出现，推动着人的劳动形式向独立化、专业化
的方向转变。尤其是体力劳动和脑力劳动的分工，为哲学
的产生创造了条件。脑力劳动者作为精神生产的承担者，
开始对人的外部世界和人自身进行思考和探索，推动了哲
学的产生和发展。对哲学进行专门研究的脑力劳动者，被
称为哲学家，哲学家建立起了哲学研究的范畴和体系。
当然，社会分工对哲学的影响并未终止，伴随着现代分
工的逐步细化，哲学研究也会分化为不同的领域，关注
的问题也是越发细微。因此，哲学是社会发展到一定阶
段的结果，始终与社会分工紧密相关，体现着分工演进
的要求。

同时，哲学不是凭空臆造的，而是对前人思想的继承
和发展。正如黑格尔所言："密纳发的猫头鹰要等黄昏到

来，才会起飞"。① 哲学本身就是一种反思性活动，只有立足于前人留下的思想遗产，才能认识现实世界。一方面，前人的思想材料为当前哲学提供了认识基础。每一个时代的哲学进步都是建立在对前人思想的继承和超越的基础上，前人的思想观念都会经受时代的审视和检验。另一方面，前人的思想材料也为当前哲学提供了认识方法。前人从事哲学研究所总结和提炼的方法，对当前哲学的研究具有重要的指导作用。可见，每一个时代的哲学都无法脱离前人的思想材料而独立存在，只有在总结和吸收前人思想材料的基础上，方能推动哲学的进一步发展。例如，马克思主义是在继承和批判德国古典哲学、英国古典政治经济学和英法空想社会主义的基础上发展起来的，是对前人思想的积极扬弃。因此，哲学的发展要以已有思想为基础，并在反思、批判的过程中将其不断推进。

当然，哲学作为时代的意识形式，体现着时代的特征和要求。以往的思想材料为哲学奠定了坚实基础，而时代要求则是推动哲学发展的根本动力。"每一个时代的理论思维，包括我们这个时代的理论思维，都是一种历史的产物，它在不同的时代具有完全不同的形式，同时具有完全不同的内容。"② 以社会存在为根本内容的哲学，不可避免地带

---

① ［德］黑格尔：《法哲学原理》，范扬等译，北京：商务印书馆1979年版，第14页。
② 《马克思恩格斯文集》第9卷，北京：人民出版社2009年版，第436页。

有历史和时代的印记。考察哲学发展的历程便可发现，不同时代的哲学家对同一问题的回答也会存在较大差异，而造成这种差异的原因，就在于哲学家所处的时代环境的差异。时代环境决定着哲学的内容和形式，真正的哲学是时代精神的精华，反映了时代的任务和要求，把握住了时代的脉搏，形成了具有时代特色的思想材料和认识方法。马克思主义正是在资本主义生产方式下产生的，通过反思和批判资本主义社会的矛盾和问题，从而揭示出超越资本主义社会的现实路径。

因此，经济上落后的国家在哲学上仍然能够演奏第一小提琴：18 世纪的法国对英国来说是如此（法国人是以英国哲学为依据的），后来的德国对英法两国来说也是如此。

【论断】一个国家的哲学的发展水平不完全同步于其经济的发展水平，从而体现出一定的超前性和独立性。

唯物史观的基本原理主张：经济基础决定上层建筑，经济基础的变化导致上层建筑的变化。按理来说，经济较为发达的国家，其哲学发展理应是先进的；而经济发展水平较低的国家，其哲学发展也是相对落后的。可是，考察历史上许多国家会发现，一个国家的哲学发展水平与它的经济发展水平并不同步，经济发达的国家不一定能在哲学上产生先进的理论，经济发展落后的国家反而能在哲学上产生超前的理论成果。众所周知，18 世纪法国的经济发展水平明显落后于英国，但此时法国的思想界却异常活跃，产生了孟德斯鸠、伏尔泰和卢梭等人类思想史的思想家，提出了三权分立、言论自由和社会契约等先进思想，掀起了具有划时代意义的启蒙运动。其后的德国经济水平也无法与英法两国相提并论，可德国思想界却产生了如康德、费希特、谢林、黑格尔和马克思等一流的思想家，对人类思想的进步做出了巨大贡献。可见，一个国家哲学的发展相较于经济基础可能具有一定的超前性。

上层建筑虽然依赖于经济基础，但是也具有相对独立性，不会完全地、绝对地适应经济基础的需要。因此，哲学作为观念上层建筑的重要组成部分，相对于经济基础也具有一定的独立性。一方面，哲学相较于经济基础的发展具有一定的超前性。在历史发展过程中，一些代表先进阶级的思想家，能够顺应历史发展的趋势，建构起引领时代发展的思想。例如，马克思主义就是马克思站在无产阶级的立场上，把握住了资本主义发展的时代脉搏，科学预见了人类社会的未来发展方向。另一方面，哲学相较于经济基础的发展也可能具有一定的滞后性。经济基础的发展，并不能迅速体现到哲学中去，而是需要一定的时间过渡和反映期限。当哲学的发展落后于经济基础发展的时候，就会阻碍经济基础的发展。所以，哲学的发展并不总是与经济基础保持一致，往往或早或晚地反映经济基础的要求。

需要注意的是，哲学的发展归根到底是依赖经济基础的，其相对独立性受到经济发展条件的制约。也就是说，哲学发展的相对独立性只是在经济基础发展的一定范围内，无法完全脱离经济基础。无论是18世纪的法国，还是其后的德国，当时正处于从封建社会向资本主义社会的过渡期，其资本主义经济的发展已具有了相当的水平。正是资本主义发展所提出的时代要求，促使哲学家们去思考未来社会的发展方向。与法国、德国等西方国家同处于一个时代的广大非西欧国家，却没有合适的经济基础和社会条件去支持本国的哲学，以致能够发展到与西欧国家哲学大致相当的水平，这就表明了经济基础对于哲学发展水平的根本制约性。

但是，不论在法国或是在德国，哲学和那个时代的普遍的学术繁荣一样，也是经济高涨的结果。

【论断】一个国家的哲学的学术繁荣根源于本国经济的支撑作用。

经济基础始终是哲学发展的决定力量。哲学是时代精神的反映，而时代精神受制于时代的经济发展条件。有什么样的经济基础，就有什么样的上层建筑，每一个时代的哲学无法脱离其经济发展条件。当时的法国和德国之所以能够创造哲学的学术繁荣，根源还是它们的经济发展。虽然18世纪的法国以及其后的德国仍处于封建制度之下，但其经济模式却正由自然经济向资本主义经济转型。资本主义经济的快速发展，促使当时的哲学家去积极探索适应时代发展的先进思想。众多哲学家开始走上历史舞台，提出了反映资产阶级要求的先进思想，开启了普遍的学术繁荣。因此，一个国家的哲学无法脱离自身的经济基础而独立存在，始终受到经济基础的决定和生活条件的制约。

在一般条件下，哲学会主动适应经济基础的发展要求，不断更新观念、自我革命，回应和解决时代发展所产生的新问题。经济基础发展到一定阶段，会对哲学的发展提出新的更高的要求。可是，特定阶段的传统哲学往往由于内容和形式的落后，无法满足经济基础的发展要求，甚至阻碍着经济基础的进一步发展。因此，会有越来越多的哲学家主动适应经济发展的要求，科学把握不断变化的时代实际，自觉推动理论的创新与发展，从而为社会发展提供思想智慧和智力支持。而马克思主义之所以具有强大的生命力，其根本原因就在于它能够适应经济社会的发展要求，不断进行理论创新和实践创新。

哲学发展与经济发展的辩证关系，为认识和发展当代中国哲学社会科学提供了启发思路。哲学社会科学作为人们认识世界、改造世界的思想工具，对推动社会发展和历史进步具有重要作用。习近平总书记指出："当代中国正经历着我国历史上最为广泛而深刻的社会变革，也正在进行着人类历史上最为宏大而独特的实践创新。这种前无古人的伟大实践，必将给理论创造、学术繁荣提供强大动力和广阔空间。这是一个需要理论而且一定能够产生理论的时代，这是一个需要思想而且一定能够产生思想的时代。"①中国特色社会主义的伟大实践，为中国社会带来广泛而深刻的变革，也为中国哲学社会科学的发展提供了强大动力和广阔空间。广大哲学社会科学工作者要抓住时代机遇，关注当代中国发展的现实情况，回答和解决时代课题，不断形成具有中国特色、中国风格、中国气派的哲学社会科学。

经济发展对这些领域也具有最终的至上权力，这在我看来是确定无疑的，但是这种至上权力是发生在各个领域本身所规定的那些条件的范围内：例如在哲学中，它是发生在这样一种作用所规定的条件的范围内，这种作用就是各种经济影响（这些经济影响多半又只是在它的政治等等的外衣下起作用）对先驱所提供的现有哲学材料发生的作用。

【论断】经济基础对上层建筑的决定作用具有一定的条件和范围。

经济基础对上层建筑的决定作用是毫无疑问的，但是这种决定作用必须在一定的条件和范围内。唯物史观的基

① 习近平：《在哲学社会科学工作座谈会上的讲话》，载《人民日报》，2016年5月19日。

本原理揭示出一个道理，即经济基础决定上层建筑，上层建筑适应经济基础的发展。然而，在肯定经济基础决定作用的同时，理应认识到这种决定作用的限度。经济基础只是对现有的上层建筑产生作用，而不是重新创造新的上层建筑。因为经济基础也是从原有的经济基础发展而来的，作为与经济基础相适应的上层建筑也是不断演进的。经济基础和上层建筑都具有历史性和延续性，经济基础的决定作用无法超出上层建筑现有的条件和范围。也就是说，现有的上层建筑是历史发展的必然结果，经济基础无法抹除上层建筑的历史内容，只能决定其进一步的发展，而上层建筑也在现有的基础上，适应着经济基础的发展变化。

哲学作为一种历史性的观念，体现着一定历史阶段的思想观念，即使是经济基础对上层建筑的决定作用，也需要通过哲学的自身发展才能够体现出来。哲学的历史发展进程不是割裂对立的，而是延续传承的，任何时代的哲学都是在继承前人哲学思想的基础上，根据自身所处时代的要求，提出具有时代特色的哲学思想和哲学理论。哲学发展的动力来源于经济基础的变化，但每一个时代的经济基础只能作用特定时代的哲学，并不会重新创造新的哲学。恩格斯的这一论断启示我们，哲学研究首要的是关注经济发展的时代要求，自觉满足时代发展的需要，同时也要完整地把握哲学的历史材料，把当前哲学建立在哲学的历史性发展的基础之上。

　　恩格斯揭示的经济基础对上层建筑决定作用的规定性，对全面考察上层建筑具有重要的启发意义。认识一个时代的上层建筑，首要的是分析当时的经济基础。上层建筑受到经济基础的决定，经济基础的变化引起上层建筑的改变。与此同时，也不能忽视上层建筑所承载的历史材料。包括哲学在内的上层建筑具有自身的发展历史，不可避免地带有哲学历程的印记。因此，任何特定的上层建筑，既要受到经济基础的决定性作用，同时也要受到自身历史的直接性作用，而且经济基础的决定性作用往往是通过上层建筑的作用体现出来，由此表明了经济基础和上层建筑的作用机制的复杂性。

　　经济在这里并不重新创造出任何东西，但是它决定着现有思想材料的改变和进一步发展的方式，而且多半也是间接决定的，因为对哲学发生最大的直接影响的，是政治的、法律的和道德的反映。

　　【论断】哲学的发展由经济基础间接地决定着，上层建筑的其它因素往往是经济基础发挥决定作用的直接中介。

　　经济基础决定上层建筑，并不意味着现有的经济基础会产生全新的上层建筑。因为经济基础和上层建筑自从产生以后，都具有自身的发展历史。经济基础和上层建筑的发展历程，都不可避免地带有历史的印记。经济基础只能对现有的上层建筑产生作用，不能超过现有的时间和范围。

所以经济基础对上层建筑的决定作用也只是在一定的时间和范围内。任何经济基础都无法重新创造思想材料，而只是决定着思想的改变和进一步发展的方式。也就是说，现有的思想材料建立在已有思想的基础之上，只会随着经济基础的变化而改变。

哲学作为上层建筑，归根结底是由经济基础决定的。虽然现有的哲学不是经济基础所创造的全新产物，但它现有的思想材料和进一步的发展都受到经济基础的决定。一是哲学的思想材料都是过往经济基础作用的结果。哲学不是从来就有的，而是经济发展到一定阶段的结果。社会分工所带来的体力劳动和脑力劳动的分化，是哲学得以产生的现实前提。所以，哲学最初的思想材料就是现实的经济基础提供的，而经济基础的世代更替，不断赋予哲学以新的内容。二是哲学的进一步发展受制于现有的经济基础。虽然现有哲学继承了过往丰富的思想材料，但仍然不能抛却经济基础而独立发展。因为只有经济基础的发展，才能为哲学提供新的认识材料，进而推动哲学的进一步发展，所以哲学的产生和发展都受到经济基础的制约和决定。

经济基础只是间接决定着哲学的发展，而上层建筑的其它因素则会对哲学产生直接影响。哲学作为"更高地悬浮于空中的意识形态的领域"，远离于人们的物质生活。经济基础往往不会对其直接产生影响，而是上层建筑中的政治、法律和道德等因素对其发挥着直接的作用。因此，政治、法律和道德等因素是经济基础作用于哲学的中介。一方面，现实的政治、法律和道德等因素是哲学思想的直接来源。回顾整个哲学史便可发现，经济因素虽然处于决定哲学发展的基础性位置，但是它对哲学发展历程的作用并不明显，相反，对特定时代哲学发展具有最大的直接影响的，往往都是特定时代的政治、法律和道德因素。这是因为哲学作为上层建筑中最"远离现实"、最"虚无缥缈"的精神领域，与经济领域的距离最为遥远，而与政治、法律和道德的距离较为接近，因此哲学受到最大直接影响的往往是政治、法律和道德，而不是经济基础。另一方面，上层建筑是政治上层建筑和观念上层建筑的统一。政治上层建筑在上层建筑中居于主导地位，能够直接对观念上层建筑产生影响。哲学的发展过程，最经常地受到政治上层建筑的干预和影响。当某种哲学适合政治上层建筑的统治需求的时候，就会得到尊崇和推广，反之则会被压制和拒绝。当然，哲学也能对政治上层建筑产生影响，引导和规范着政治上层建筑。由此可见，上层建筑的诸要素是相互影响、相互作用的。

　　暴力（即国家权力）也是一种经济力量！

　　【论断】国家权力的经济影响力是非常巨大的。

　　国家不是从来就有的，有其产生、发展和消亡的历史。恩格斯在《家庭、私有制和国家的起源》中指出："国家是社会在一定发展阶段上的产物；国家是承认：这个社会陷入了不可解决的自我矛盾，分裂为不可调和的对立面而又无力摆脱这些对立面。而为了使这些对立面，这些经济利益互相冲突的阶级，不致在无谓的斗争中把自己和社会消灭，就需要有一种表面上凌驾于社会之上的力量，这种力量应当缓和冲突，把冲突保持在'秩序'的范围以内；这种从社会中产生但又自居于社会之上并且日益同社会相异化的力量，就是国家。"① 这段论述从国家和社会的关系出发，分析了国家的产生原因。国家是从社会矛盾中产生，以缓和社会矛盾、维持社会秩序为目的。同时国家具有强制性的强大力量，作为一种凌驾于社会之上的力量，国家能够运用自身的权力对社会进行调节和控制，从而实现自身的意志，这种权力体现出来就像是一种暴力一样。就国家权力的作用领域来看，国家权力主要地体现于经济领域，因此国家权力往往表现为一种强制性的经济力量。

一方面，国家权力是统治阶级运用国家机器实现自身意志的支配力量，始终维护统治阶级的经济利益。国家作为上层建筑，是阶级矛盾不可调和的产物，也是进行阶级统治的工具。国家的出现，就在于缓和经济利益相互冲突的阶级关系，从而使社会不至于毁灭。国家看似是一种中立性的力量，协调社会各方的利益，使社会处于相对平衡

---

① 《马克思恩格斯文集》第4卷，北京：人民出版社2009年版，第189页。

之中。但是,"国家是阶级统治的机关,是一个阶级压迫另一个阶级的机关"。① 国家权力实质上维护的是统治阶级的利益,特别是统治阶级的经济利益。因为一个阶级之所以能够成为统治阶级,就在于其在经济上占据主导地位,而统治阶级的经济统治只有通过掌握国家权力的方式才能实现。因此,国家权力会按照统治阶级的利益要求,不断巩固和扩大自身的经济基础,从而保证统治阶级的统治地位。

另一方面,国家权力作为一种经济力量,对经济基础的发展具有重要的反作用。依据唯物史观的基本观点,经济基础对上层建筑具有决定作用,但上层建筑也会反过来影响经济基础。国家作为上层建筑的重要组成部分,通过自身的权力对经济基础产生作用。国家权力对经济基础的作用呈现出三种形式。一是国家权力对经济基础的正向作用。当国家权力顺应经济基础的发展趋势,就会推动经济基础向着更高阶段发展。二是国家权力对经济基础产生反向作用。国家作为凌驾于社会之上的力量,会依仗自身的权力地位,违背经济发展的规律,进而阻碍经济基础的发展。三是国家权力阻止经济基础朝着一定方向发展,并规划出另外的发展方向。可见,国家权力对经济基础具有较强的影响力,甚至左右着经济基础的发展方向。考察资本主义发展史便可得知,国家权力对推动资本主义生产方式

① 《列宁选集》第 3 卷,北京:人民出版社 1992 年版,第 114 页。

的形成和发展起到了重要作用。资产阶级国家通过自身的强制权力，清除了资本主义在国内发展的重重障碍，又以殖民或武力手段在全世界建立殖民地，为资本主义发展提供原料产地和商品倾销地。资本的每一次扩张，背后都有国家权力的身影。因此，国家权力成为了资本主义经济发展的重要推动力。

这是一种空洞的抽象，这种形而上学的两极对立在现实世界只存在于危机中，而整个伟大的发展过程是在相互作用的形式中进行的（虽然相互作用的力量很不相等：其中经济运动是最强有力的、最本原的、最有决定性的），这里没有什么是绝对的，一切都是相对的。

【论断】经济基础和上层建筑是相互作用的辩证关系。

在这段话中，恩格斯不仅反驳了以巴尔特为代表的"经济唯物主义"，而且比较了形而上学和辩证法对人类社会发展过程的认知差异。由于马克思主义强调经济基础对上层建筑的决定作用，致使很多批评者指责马克思主义是"经济唯物主义"。所谓的"经济唯物主义"，即"经济决定论"，就是把经济作为决定社会发展的唯一因素，而否认政治、法律和道德等因素在社会发展中的作用。很明显，"经济唯物主义"是对历史唯物主义的误解和歪曲，忽视了马克思主义对上层建筑的独立性及其反作用的重视。马克思主义承认经济状况是基础，但是并不否认上层建筑对人类历史发展的重要作用，甚至在一定条件下，上层建筑也可以左右经济基础的发展。所以，马克思主义主张人类历史的发展是多种因素共同作用的结果，只是经济在其中发挥着基础性作用，这与单纯的"经济决定论"存在显著差异。

在恩格斯看来，"经济唯物主义"将经济基础和上层建筑看做完全对立的两极，是处于一种"空洞的抽象"。而"经济唯物主义"之所以产生，就在于他们是运用形而上学的思维方式——而不是辩证法——去理解历史唯物主义。辩证法和形而上学的根本差异，就在于是否承认矛盾是推动事物发展的根本动力。形而上学运用静止的、孤立的、片面的眼光看待事物，未能准确把握事物内在的矛盾。而辩证法既看到了对立，又看到了统一，强调矛盾才是事物发展的真正动力。关于人类社会的发展过程，形而上学往往只看到了经济的决定因素，并将其绝对化和唯一化，从而贬低了上层建筑的作用。而辩证法则认为经济基础和上层建筑的相互作用推动着人类社会的发展。因此，辩证法才是理解历史唯物主义的科学方法。

同时，恩格斯也指出"形而上学的两极对立"在现实世界中的确存在，但只是暂时性的存在。只有当经济基础和上层建筑的矛盾不能调和的时候，这种绝对对立才会产生，并以危机的形式展现出来。为了解决这种危机，必须要对上层建筑进行改造，使其适应经济基础的发展要求。马克思对资本主义危机的分析，正是从经济危机中看到了政治危机。资本主义的生产力社会化和生产资料私人占有的矛盾导致周期性的经济危机，使得资本主义社会的经济、政治陷入混乱之中，从而进一步加剧了无产阶级的贫困化。当资产阶级的统治完全不能适应经济基础发展的时候，资本主义制度就必须被社会主义所代替，由此资本主义的经济危机就上升为资本主义的政治危机。需要注意的是，"无论哪一个社会形态，在它所能容纳的全部生产力发挥出来以前，是决不会灭亡的；而新的更高的生产关系，在它的物质存在条件在旧社会的胎胞里成熟以前，是决不会出现的"。① 经济基础和上层建筑的绝对对立，只有在上层建筑完全不适应经济基础的时候，才会突出地表现出来，这是一种从量变到质变的发展过程。

因此在唯物史观的视域下，经济基础和上层建筑的关系是相互影响、相互作用的。经济基础决定上层建筑，而上层建筑的反作用又会推动经济基础的革新。当然经济基础的作用是决定性的，而上层建筑的反作用只能在一定的经济条件范围内。因为经济基础的发展是由生产力和生产关系的矛盾运动引起的，始终遵循着从低级向高级的演变过程。经济基础发展的必然性，使得上层建筑的反作用只能在一定条件和范围内起作用，因此上层建筑要自觉地适应经济基础的发展，不断推动人类社会的发展与进步。

_____

① 《马克思恩格斯文集》第 2 卷，北京：人民出版社 2009 年版，第 592 页。

恩格斯致康拉德·施米特

1891 年 11 月 1 日于伦敦

　　黑格尔的辩证法之所以是颠倒的，是因为辩证法在黑格尔看来应当是"思想的自我发展"，因而事物的辩证法只是它的反光。

　　【论断】黑格尔的辩证法是以绝对精神为主体的辩证法，现实事物只不过是绝对精神的内在环节。

　　马克思和恩格斯对黑格尔辩证法的批判具有一致性。马克思在《资本论》第二卷跋中就明确指出，辩证法在黑格尔那里是倒立着的，而恩格斯也在此进一步论析了黑格尔辩证法之所以"颠倒"的原因。在恩格斯看来，黑格尔从客观唯心主义的立场出发，将辩证法视为思维的发展过程，根本上颠倒了思维的辩证法和事物的辩证法的关系。

　　理解黑格尔的辩证法，需要从黑格尔的绝对精神的哲学体系出发。黑格尔自认为是"绝对的唯心主义者"，将绝对精神作为其哲学的核心。在《精神现象学》中，黑格尔分析了意识的发展历程，经历了从意识、自我意识、理性、精神到绝对精神的五个阶段，绝对精神是意识演化的最后的最高阶段。"精神既然是实体，而且是普遍的、自身同一的、永恒不变的本质",① 绝对精神作为永恒存在的实体,是宇宙万物的本质和核心。绝对精神并非静止不动的,而是能够自我认识、自我发展的。绝对精神在自我认识、自我发展的过程中,不断演绎出宇宙万物。"它即是精神,它即是现实的、伦理的本质。"② 世间万物只不过是绝对精神的外在展现。可见,绝对精神在黑格尔那里获得了宛如"上帝"般的存在,对宇宙万物的存在和发展具有决定作用。

在黑格尔看来,绝对精神在自我认识、自我发展的过程中,始终遵循着"正—反—合"的辩证规律。"绝对精神,就是知道自己并且实现自己的观念。"③ 绝对精神经历了从逻辑阶段、自然阶段再到精神阶段的发展过程。在自然界和人类社会产生以前,绝对精神在逻辑阶段作为纯粹概念而存在。然后绝对精神将自身外化为自然界,建立了自己的对象世界。最后,绝对精神扬弃自然界回归自身,作为精神而存在。从绝对精神的演变历程可以看出,绝对精神在每一阶段通过辩证否定使自身在新的阶段达到辩证肯定,在不断的否定之否定的过程中推动事物的发展。可

---

① [德] 黑格尔:《精神现象学》(下卷),贺麟等译,北京:商务印书馆1981年版,第2页。
② [德] 黑格尔:《精神现象学》(下卷),贺麟等译,北京:商务印书馆1981年版,第4页。
③ 《马克思恩格斯文集》第1卷,北京:人民出版社2009年版,第218页。

见，在黑格尔那里，辩证法成为了绝对精神的内在环节，是一种纯粹观念自我发展的辩证法，而事物的辩证发展过程就是绝对精神的自我展开。

在马克思看来，黑格尔的辩证法只是纯粹思维领域的抽象运动，是"普遍的，抽象的，适合于任何内容的，从而既超脱任何内容同时又恰恰对任何内容都有效的，脱离现实精神和现实自然界的抽象形式、思维形式、逻辑范畴"。① 一方面，绝对精神是一种抽象存在。黑格尔将绝对精神界定为客观存在的实体，绝对精神抛却了上帝的人格化特征，却又让其承担了上帝的全知全能的功能。另一方面，黑格尔认为事物的发展是绝对精神的自我发展，这种发展只是纯粹观念的发展，不具备真正的现实的动力。因此，黑格尔把思维的辩证过程强加给自然界和人类社会，虽然他正确地把握住了事物发展的辩证过程，但是将事物发展的动力定位于绝对精神，从而就将事物的发展神秘化了。

恩格斯承接了马克思对黑格尔辩证法的批判，主张从事物本身的内在矛盾中去寻找事物发展的动力。在恩格斯看来，黑格尔的辩证法只是"思想的自我发展"，事物的辩证法反而只是思维辩证法的反映。其实，辩证法的真正基础不在思维之中，而在自然界和人类社会的辩证发展的过

---

① 《马克思恩格斯文集》第1卷，北京：人民出版社2009年版，第218页。

程中，人的辩证思维只不过是对客观世界发展规律的把握。由此可知，马克思主义的辩证法是建立在客观世界的发展过程之上的，是对黑格尔唯心主义辩证法的"颠倒"。

而实际上，我们头脑中的辩证法只是自然界和人类历史中进行的并服从于辩证形式的现实发展的反映。

【论断】唯物辩证法的主观形式揭示了自然界和人类历史的辩证发展过程。

黑格尔的辩证法只是绝对精神的自我流变，忽视了辩证法的客观基础。其实，"全部逻辑学都证明，抽象思维本身是无，绝对观念本身是无，只有自然界才是某物"。① 黑格尔以绝对精神为核心的哲学体系并没有真实反映存在和思维的关系，致使辩证法无法以客观现实为基础。因此，恩格斯主张从自然界和人类历史的辩证发展过程去认识我们思维中的辩证法，实现客观辩证法与主观辩证法的统一。

自然界和人类历史遵循着辩证的发展过程。其实，黑格尔在其哲学体系中已经发现，自然界和人类历史的发展遵循着辩证逻辑。可是，黑格尔却主张自然界和人类历史的辩证发展是绝对精神的自我演化的结果，从而为自然界和人类历史的发展蒙上了神秘色彩。马克思恩格斯将唯物主义和辩证法科学地结合在一起，创立了唯物辩证法。一

---

① 《马克思恩格斯文集》第 1 卷，北京：人民出版社 2009 年版，第 219 页。

方面，马克思恩格斯通过对人类历史领域的考察实现了历史唯物主义的创立。历史唯物主义揭示了人类历史的辩证发展过程，即人类历史的发展由社会基本矛盾决定，生产力和生产关系、经济基础和上层建筑的辩证运动推动着人类历史的发展。人类历史总体上呈现出从低级向高级的辩证发展过程，社会进步是无法抗拒的客观规律。另一方面，恩格斯依据当时自然科学的发展成果，考察了自然界的发展过程，写作了《自然辩证法》一书，揭示了自然界的辩证发展过程。整个自然界的物质都处于经久不息的运动、变化之中，遵循着从低级的、简单的形式向高级的、复杂的形式的发展过程，而辩证法"为自然界中出现的发展过程，为各种普遍的联系，为一个研究领域向另一个研究领域过渡提供类比，从而提供说明方法"。[1] 在恩格斯看来，辩证法是解释自然界联系、发展的重要方法，为理解自然科学的发展提供了认识尺度。需要注意的是，马克思恩格斯并不是将辩证法强加给自然界和人类社会，而是认为"辩证法的规律是从自然界的历史和人类社会的历史中抽象出来的"。[2] 恩格斯将辩证法建立在客观世界的发展规律的基础上，辩证法之所以能在人们的头脑里得以显现，是因为自然界和人类历史本身就遵循着辩证发展过程。辩证法

---

[1]　《马克思恩格斯文集》第 9 卷，北京：人民出版社 2009 年版，第 436 页。
[2]　《马克思恩格斯文集》第 9 卷，北京：人民出版社 2009 年版，第 463 页。

只是对自然界和人类社会发展规律的高度抽象，是与自然界、人类历史的本质运动相一致的。因此，马克思主义的唯物辩证法是对自然界和人类社会发展规律的正确把握。

唯物辩证法是主观辩证法和客观辩证法的统一。恩格斯在这里肯定了辩证法的两种形式，即人头脑中的辩证法（主观辩证法）和自然界、人类历史的辩证法（客观辩证法）。客观辩证法是客观世界由其内在矛盾所引起的发展过程，自然界和人类历史的发展过程，体现了自然辩证法和历史辩证法的统一，而主观辩证法则是人以观念的、逻辑的形式对自然界、人类社会的辩证法的概括、总结。在恩格斯看来，"所谓主观辩证法，即辩证的思维，不过是自然界中到处盛行的对立中的运动的反映而已。"① 主观辩证法就是一种辩证思维，反映了现实世界的运动过程。主观辩证法与客观辩证法具有一致性，主观辩证法以客观辩证法为基础，客观辩证法只有通过主观辩证法的思维形式才能被人所把握。

唯物辩证法作为马克思主义的核心方法，实现了人类思想史上的伟大变革。唯物辩证法是辩证法的高级阶段，揭示了自然界、人类社会和人类思维发展的一般规律。唯物辩证法所体现出来的辩证性和革命性特质，有助于人们形成辩证思维和实践性思维。唯物辩证法所要求的辩证思

---

① 《马克思恩格斯文集》第9卷，北京：人民出版社2009年版，第470页。

维，就是要求人们运用联系、发展的眼光去看待事物，对事物在肯定的理解中保持着对事物的否定的理解，并通过分析事物内部的矛盾预见事物发展的趋势。唯物辩证法所体现的实践性思维，就是要求人们与时俱进、变革创新，通过自身的实践不断推动人类社会向前发展。

恩格斯致弗兰茨·梅林

1893 年 7 月 14 日于伦敦

我们大家首先是把重点放在从基本经济事实中引出政治的、法的和其它意识形态的观念以及以这些观念为中介的行动，而且必须这样做。

【论断】在阐述事物的发展过程时，马克思和恩格斯首先去做的是实现唯物主义的要求，这是对待唯心主义必须要做的事情。

经济基础决定上层建筑，上层建筑对经济基础具有反作用，这是唯物史观的一个基本观点。然而，在马克思和恩格斯的很多著述中，他们比较注重经济基础对上层建筑的决定作用，经常从经济基础出发去分析上层建筑，而对上层建筑的反作用却阐述较少。因此很多人只看到了经济因素在马克思主义中的地位和作用，忽视了上层建筑的反作用，甚至将马克思主义误解为"经济决定论"。为了廓清对马克思主义的误读，理应回到马克思恩格斯当时所处的时代环境，分析他们特意为之的思想依据。

马克思恩格斯身处于德国古典哲学走向终结的思想变革期，只有通过批判当时处于主流地位的唯心主义，才能真正创立历史唯物主义。唯心主义曾在人类思想史上长期占据主导地位，对整个人类的思想发展具有重要影响。所谓唯心主义，就是在处理物质和精神的关系上，主张精神是第一性的，物质是第二性的，即精神决定物质。唯心主义本身又分为客观唯心主义和主观唯心主义，客观唯心主义将客观精神作为世界的本原，而主观唯心主义将主观精神作为认识世界的起点。以马克思所身处的时代环境来看，德国古典哲学就充斥着唯心主义的元素，无论是康德的批判哲学，还是黑格尔的绝对精神理论，都有浓厚的唯心主义色彩。对待德国古典哲学，费尔巴哈在《基督教的本质》一书中"直截了当地使唯物主义重新登上王座"。① "我们已经证明，宗教之对象和内容，道道地地是属人的内容和对象；我们已经证明，神学的秘密是人本学，属神的本质之秘密，就是属人的本质。"② 在费尔巴哈看来，宗教只不过是人自身所固有的本质的虚幻反映，人创造了宗教，而不

---

① 《马克思恩格斯文集》第 4 卷，北京：人民出版社 2009 年版，第 275 页。
② ［德］费尔巴哈：《基督教的本质》，荣震华译，北京：商务印书馆 1984 年版，第 349 页。

是宗教创造了人。费尔巴哈对宗教掷地有声的批判，一定
程度上恢复了唯物主义的权威，动摇了唯心主义的统治地
位。可是，费尔巴哈虽打破了黑格尔的哲学体系，但是并
没有克服它。他的唯物主义只不过是形而上学的唯物主义，
在历史观上又重新陷入了唯心主义。因此，马克思恩格斯
继续扛起唯物主义的旗帜，在历史观上彻底批判唯心主义，
进而捍卫唯物主义的根本立场。

　　《德意志意识形态》是唯物史观形成的标志，着重分析
和批判了以费尔巴哈、鲍威尔和施蒂纳等为代表的唯心史
观。青年黑格尔派作为黑格尔哲学解体后的激进派，主张
通过观念、思想、概念等范畴去批判现实世界，进而推动
现实世界的变革。可是，青年黑格尔派为批判所做的批判，
没有超越黑格尔哲学的立场，在历史观上依旧是唯心主义
的。他们只是妄图用"震撼世界"的词句从观念上变革世
界，把人从意识、观念和词句的统治中解放出来。马克思
恩格斯反对青年黑格尔派的抽象哲学思辨，主张从"现实
的人"出发，在现实世界中运用现实的手段来解放自身。
在马克思恩格斯看来，人类的物质生产是整个人类历史的
出发点，物质关系构成了整个社会历史的基础。不是社会
意识决定社会存在，而是社会存在决定社会意识。正是马
克思恩格斯重新厘清了社会存在和社会意识的关系问题，
批判了青年黑格尔派的唯心史观，创立了科学的唯物史观。
但是，唯心主义长期在人类历史上占据统治地位，对人类

思想的影响和渗透极为深远，由此导致唯物史观同唯心史观的论战和斗争，是一项长期而艰巨的任务。因此，马克思恩格斯在阐述唯物史观基本原理的时候，不得不着重强调经济因素对社会历史发展的决定作用，不得不彻底否定唯心史观，从而捍卫唯物主义的根本立场。

其实时至今日，唯心史观也没有完全退出历史舞台，仍以各种不同的形式和面貌对人们的精神世界产生影响。特别是近年来，随着国内外形势发生深刻变革，我国社会出现了形式多样的多元化社会思潮。历史虚无主义就是近年来颇为活跃的一种社会思潮，它打着反思历史、还原历史的旗号，宣扬错误的历史观、价值观，肆意曲解历史、否定历史，具有较强的隐蔽性、蛊惑性和危害性。历史虚无主义的实质是唯心史观，否认历史发展具有客观规律，否定人民群众的主体地位，以局部、琐碎的历史事件和隐蔽、迂回的策略手法来否定马克思主义的指导地位、中国共产党的领导地位和中国特色社会主义制度的合法性。所以，我们要警惕和抵制历史虚无主义的影响，自觉坚持以马克思主义为指导，积极开展唯物史观同历史虚无主义的理论斗争，旗帜鲜明地反对错误思潮和错误倾向，营造风清气正的思想文化环境。

但是我们这样做的时候为了内容方面而忽略了形式方面，即这些观念等等是由什么样的方式和方法产生的。

【论断】马克思和恩格斯反驳唯心主义论敌时，有时候会忽略观念上层建筑的丰富的产生过程。

唯心史观从社会意识决定社会存在的基点出发，夸大社会意识的地位和作用，只考察人们历史活动的思想动机，否认物质生产活动及生产方式对社会历史发展的决定作用。因此，出于批判唯心主义的现实需要，马克思恩格斯必须从社会存在决定社会意识的立场出发，着重强调经济基础对上层建筑的决定作用。可是，马克思恩格斯在强调经济基础对上层建筑的决定作用的同时，相对地忽视了上层建筑的产生方式及其反作用，从而为资产阶级学者歪曲唯物史观提供了一定空间。德国唯心主义哲学家保尔·巴尔特就对唯物史观进行了质疑和发难，将历史唯物主义歪曲为"经济唯物主义"。"经济唯物主义"在实质上就是"经济决定论"，将经济因素视为推动人类社会发展的唯一因素，否认政治、思想和文化等非经济因素对历史发展的作用。"经济唯物主义"曲解了历史唯物主义的基本原理，对马克思主义的传播和发展造成了极大的负面影响。恩格斯已经注意到这一问题，通过全面系统地阐述历史唯物主义的基本原理，回击了以保尔·巴尔特为代表的资产阶级学者对历史唯物主义的歪曲，进而划清了历史唯物主义和经济唯物主义的界限。在恩格斯看来，巴尔特虽然看到了马克思哲学对物质存在条件的强调，但却忽视了思想意识在马克思哲学中的地位和作用。恩格斯明确指出："物质存在方式虽然是始因，但是这并不排斥思想领域也反过来对物质存在方式起作用，然而是第二性的作用。"① 可见在恩格斯那里，物质和意识是相互作用的辩证关系，意识对物质具有反作用。因此恩格斯在肯定经济基础对上层建筑决定作用的同时，着重分析了观念上层建筑丰富的产生过程。

一方面，观念上层建筑的产生根源于经济基础。从经济基础出发去分析上层建筑诸要素的产生过程，是历史唯物主义的基本方法。依据历史唯物主义基本原理，经济基础对观念上层建筑具有决定作用，有什么样的经济基础就有什么样的观念上层建筑，正如封建自然经济产生的是传统宗法观念，资本主义生产方式带来的是资产阶级的自由思想。观念上层建筑只能与经济基础相适应，不可能摆脱一定的经济基础而存在。由此可见，分析观念上层建筑的产生过程离不开一定的经济基础。另一方面，观念上层建筑的产生也受到上层建筑其它因素的影响。虽然经济基础对观念上层建筑的产生具有决定作用，但它并不直接作用于观念上层建筑，而是通过政治、法律等政治上层建筑对其产生影响。政治上层建筑会遵循经济基础的要求，主动创立符合自身统治要求的观念上层建筑，并以强制方式为观念上层建筑的传播和实施提供保证。因此观念上层建筑起源于经济基础，反映了经济基础的客观要求，并通过政

---

① 《马克思恩格斯文集》第 10 卷，北京：人民出版社 2009 年版，第 586 页。

治上层建筑这一中介不断丰富和发展，形成了自身特有的内容和形式。当然，观念上层建筑也会对政治上层建筑产生反作用。观念上层建筑以政治上层建筑的发展状况为条件，不断完善自身的体系和内容，为政治上层建筑提供思想理论依据。

观念上层建筑是适应于一定经济基础的社会意识形态，涵盖哲学、道德、政治法律思想、文化艺术等社会意识形式，弥散于社会生活的各个领域，对人们的观念和行动具有统摄作用。在阶级社会中，社会意识形态具有阶级性，占统治地位的阶级不仅支配着社会的物质生产，而且支配着社会的精神生产。意识形态实质上就成为了阶级统治的工具，力求通过教育、宣传等多种方式，对人们的思想进行塑造和改变，从而赋予自身统治以合法性。可见，意识形态至关重要，它制约和支配着人们的思想和行动。作为社会的统治阶级，只有掌握意识形态权力，才能巩固自身的统治地位。因此在社会主义现代化建设过程中，既要高度重视经济建设，又要高度重视意识形态工作。只有坚持和巩固马克思主义在意识形态领域的指导地位，才能为我国当前的经济社会发展提供坚实的思想基础，进而创造更加稳固和安全的发展环境。

意识形态是由所谓的思想家通过意识、但是通过虚假的意识完成的过程。

【论断】 意识形态在本质上是一种虚假意识。

最早从认识论角度将意识形态定位于观念科学的是意识形态概念的首倡者特拉西。他把观念科学定义为："如果人们仅仅考虑内容的话，该科学可称为意识形态；如果人们只考虑方法的话，则可称之为普通文法；如果人们只考虑目的，则又可称之为逻辑。无论称呼什么，它都必须含有这三个分支，因为人们不可能在适当地陈述其中一个而不同时陈述其他两个。对我来说意识形态似乎是总称，因为思想科学归为两个方面：思想表达的科学和思想起源的科学。"① 特拉西对意识形态进行观念学的界定，目的是驱除神学和形而上学在人类认知领域的统治，从而科学地确定人类知识的来源、限度和真实标准。由此可见，意识形态在特拉西那里还是作为一个肯定性的认识论框架被提出，但是经过拿破仑对意识形态的指责，意识形态概念已经沾染负面的价值属性，而这一点又被马克思所承继。马克思刚开始使用意识形态概念时并没有改变这个概念的认识论尺度，他改变的只是这个概念基于认识论尺度的内涵，即不再相信立足于意识形态才能够认清人类知识的真实面目，而是直接将意识形态指认为以思想关系取代社会现实关系的颠倒意识。"如果在全部意识形态中，人们和他们的关系

---

① ［德］曼海姆：《意识形态与乌托邦》，黎鸣、李书崇译，北京：商务印书馆 2000 年版，第 72 页注。

就像在照相机中一样是倒立成像的，那么这种现象也是从人们生活的历史过程中产生的，正如物体在视网膜上的倒影是直接从人们生活的生理过程中产生的一样。"① 意识形态不再是特拉西想象得那般理性科学，而是将社会存在对社会意识的决定关系错置为社会意识决定社会存在，这就毫无疑问地歪曲了社会存在与社会意识、社会现实与思想观念之间关系的本来面目。恩格斯在给梅林的信中，进一步发展了马克思的意识形态观点，并且给意识形态作出了一个经典定义，即"意识形态是由所谓的思想家通过意识、但是通过虚假的意识完成的过程"。在这里，恩格斯将"意识形态"和"虚假意识"直接链接起来，由此意识形态的虚假意识之内涵就被决定性地建立起来。

　　所谓意识形态的虚假性，是指意识形态以虚幻的、想象的形式来反映社会存在。首先，恩格斯关于"意识形态虚假性"的论断，并不意味着一切意识形态都是虚假意识，这是因为马克思恩格斯关于意识形态虚假性的阐述具有一定的语境依赖性。参照马克思恩格斯的经典文本，便可发现，马克思恩格斯对意识形态的总体看法较为负面，如："几乎整个意识形态不是曲解人类史，就是完全撇开人类史"；② "资产者的假仁假义的虚伪的意识形态用歪曲的形式

---

① 《马克思恩格斯文集》第 1 卷，北京：人民出版社 2009 年版，第 525 页。
② 《马克思恩格斯文集》第 1 卷，北京：人民出版社 2009 年版，第 519 页。

把自己的特殊利益冒充为普遍利益"。① 而恩格斯在这里也
直接将意识形态等同为虚假意识,更是看似完全否定了意
识形态的合法性。但是,马克思恩格斯在相关著作中对意
识形态持负面看法,并不意味着意识形态虚假性就是意识
形态唯一的固有特征。因为无论是在马克思恩格斯合著的
《德意志意识形态》,还是在恩格斯的书信中,马克思恩格
斯阐述意识形态虚假性问题的时候,总是指向了那个时代
的意识形态家及其学说。马克思恩格斯在《德意志意识形
态》中集中批判了以费尔巴哈、鲍威尔和施蒂纳为代表的
意识形态家,而恩格斯在书信也将批判的矛盾指向了以保
尔·巴尔特为代表的历史方面的意识形态家。因此,马克
思恩格斯所指认的意识形态的虚假性,是这些意识形态家
们的意识形态的特征,而不是一切意识形态的特征。马克
思恩格斯通过批判这些意识形态家们的理论和学说,为自
身的理论发展开辟了道路。而当马克思恩格斯不处于批判
这些意识形态家们的语境之时,意识形态就成为了不涉价
值属性的思想上层建筑。正如马克思在《〈政治经济学批
判〉序言》中指出:"在考察这些变革时,必须时刻把下面
两者区别开来:一种是生产的经济条件方面所发生的物质
的、可以用自然科学的精确性指明的变革,一种是人们借
以意识到这个冲突并力求把它克服的那些法律的、政治的、

---

① 《马克思恩格斯全集》第 3 卷,北京:人民出版社 1960 年版,第 195 页。

宗教的、艺术的或哲学的，简言之，意识形态的形式。"①意识形态在这里就是政治法律思想、宗教、艺术和哲学等社会意识的总称，并不具有批判性和否定性的维度。所以，马克思恩格斯关于意识形态虚假性的论断只有在一定的文本语境中才是成立的，意识形态虚假性并非意识形态的普遍特征。

其次，马克思恩格斯关于意识形态虚假性的阐述主要针对以青年黑格尔派哲学为代表的"德意志意识形态"。黑格尔哲学解体以后，青年黑格尔派以宗教观念、宗教意识的批判为重点，掀起了理论批判的高潮。因为在青年黑格尔派看来，观念的东西统治着现实世界，是人们的真正枷锁，只有对观念进行彻底的批判，才能消除观念对人们的束缚和限制。因此青年黑格尔派特别强调精神的力量，认为只要在思想领域完成对传统观念的批判和超越，就能改变现实世界。然而，在马克思恩格斯看来，青年黑格尔派的批判只是一种"改变意识"的做法，"就是要求用另一种方式来解释存在的东西，也就是说，借助于另外的解释来承认它"。② 可见，青年黑格尔派的批判只是用一种观念代替另外一种观念，完全局限于观念领域，脱离了自身的物质环境，未能建立起理论与现实世界的真正联系。所以，

① 《马克思恩格斯文集》第 2 卷，北京：人民出版社 2009 年版，第 592 页。
② 《马克思恩格斯文集》第 1 卷，北京：人民出版社 2009 年版，第 516 页。

以青年黑格尔派为代表的"德意志意识形态"具有虚假性，混淆了抽象观念与客观现实的关系，无法真正推动现实世界的变革。

再次，马克思恩格斯关于意识形态虚假性的阐述主要针对的是阶级社会的意识形态。在《德意志意识形态》中，马克思恩格斯对意识形态的批判，是围绕阶级社会的阶级结构展开的。"统治阶级的思想在每一时代都是占统治地位的思想。"① 在阶级社会中，占主导地位的意识形态反映的是统治阶级的思想和意志，支配着整个社会的精神生活。但是，统治阶级出于巩固自身统治的现实需要，通过意识形态家对自身思想进行加工和改造，使其具有普遍性的外观，进而争取全体社会成员的认可和接受。"占统治地位的将是越来越抽象的思想，即越来越具有普遍性形式的思想。"② 统治阶级的思想在意识形态家的加工之后，越来越以抽象的、普遍的形式呈现出来，似乎代表着全体社会成员的利益。其实，意识形态只是以普遍性的外观来遮掩自身的特殊利益，从而更好地服务于自身的阶级统治。意识形态的虚假性，就在于统治阶级赋予了自身思想以普遍形式，把自身的特殊利益说成是普遍利益。只要阶级社会存在，意识形态的普遍性和特殊性的矛盾就无法消除。而资

---

① 《马克思恩格斯文集》第1卷，北京：人民出版社2009年版，第550页。
② 《马克思恩格斯文集》第2卷，北京：人民出版社2009年版，第552页。

产阶级的意识形态，就是对这种普遍性和特殊性矛盾的生动体现。资产阶级在反对封建统治的过程中，以"自由、平等、博爱"为思想旗帜，宣称自身代表社会全体的利益。可当无产阶级不堪资产阶级的剥削和压迫进行反抗时，资产阶级便撕下了温情脉脉的面纱，对无产阶级的反抗活动进行残酷镇压。可见，资产阶级意识形态具有虚假性和欺骗性，维护的是资产阶级的特殊利益，不会真正满足无产阶级的利益和诉求。所以，在马克思恩格斯那里，阶级社会的意识形态所内涵的普遍利益和特殊利益的矛盾，使其具有虚假性的特征。只有当阶级统治的社会制度消失，社会利益日趋一致，就不用再将特殊利益说成是普遍利益，意识形态的虚假性便会自然消失。

因此，马克思恩格斯关于"意识形态虚假性"的阐述是基于一定的文本语境和特定的批判对象而言的，并不能将一切意识形态都归入"虚假意识"的范畴。而无产阶级在反对资产阶级统治的过程中，也需要建立符合自身阶级利益的意识形态，来与资产阶级的意识形态作斗争。马克思主义正是无产阶级的意识形态，代表的不仅是无产阶级的利益，更是全人类的利益，无产阶级只有在解放全人类的过程中才能解放自身。因此，作为意识形态的马克思主义是对资产阶级意识形态的批判和超越，摆脱了意识形态的虚假性特征，成为了实现人类解放的科学指导思想。所以，马克思恩格斯关于"意识形态虚假性"的思想有助于批判西方资产阶级意识形态，建设更加具有凝聚力和引领力的社会主义意识形态。

推动他的真正动力始终是他所不知道的，否则这就不是意识形态的过程了。因此，他想象出虚假的或表面的动力。

【论断】制造意识形态的思想家始终不知道意识形态的真正动力是什么，因此他们想象出的动力具有虚假性。

意识形态不是凭空产生的，而是由每个时代的意识形态家加工、改造而成的。在阶级社会里，统治阶级不仅在经济上占据统治地位，而且还主导着思想的生产和分配，统治阶级内部的部分思想家就是意识形态的创造者。"他们是这一阶级的积极的、有概括能力的意识形态家，他们把编造这一阶级关于自身的幻想当做主要的谋生之道。"① 意识形态家对符合统治阶级利益的材料进行加工改造，将其上升为社会的主导思想，进而控制着人们的思想和行动。意识形态就这样成为了统治阶级的思想霸权，被统治阶级只能被动地接受这种思想统治。因此，意识形态具备辩护功能，维护着阶级统治的合法性。

可是，制造意识形态的思想家并不知道意识形态是如何产生的。第一，意识形态家由于物质条件的限制，无法

① 《马克思恩格斯文集》第 1 卷，北京：人民出版社 2009 年版，第 551 页。

认识意识形态产生的物质根源。在社会生产力发展不够充分的时代，人们无法科学有效地认识物质世界，只能从物质世界之外去寻找事物发展的动力。意识形态家受限于当时的时代条件，自然便会忽视物质因素对意识形态产生的决定性作用。第二，意识形态家由于自身唯心主义的思想立场，倾向于从思想领域去分析意识形态的产生过程。在唯物史观产生以前，唯心史观在历史上长期占据主导地位，由此制约和塑造着人们的精神世界。意识形态家无一例外地受到唯心史观的影响，颠倒了物质和意识的关系，习惯从思想领域而不是物质领域去研究意识形态的产生动力。第三，意识形态家出于自身的阶级立场，忽视了意识形态产生的现实基础。意识形态家作为统治阶级的成员，总是从阶级利益出发去造就意识形态的幻象，根本无意去了解意识形态产生的现实动力。因此，意识形态家由于物质条件、思想立场和阶级立场等原因的限制，无法准确把握意识形态产生的真正动力。

由此可见，意识形态家囿于唯心主义的思想立场，无法认识到经济基础是推动意识形态产生的真正动力，只能从思维中寻找意识形态产生的动力，将意识形态的产生完全看做是一种思维活动，因而只能以"虚假的或表面的动力"去解释意识形态的产生。

因为这是思维过程，所以它的内容和形式都是他从纯粹的思维中——或者从他自己的思维中，或者从他的先辈的思维中引出的。他只和思想材料打交道，他毫不迟疑地认为这种材料是由思维产生的，而不去进一步研究这些材料的较远的、不从属于思维的根源。

【论断】意识形态家只是停留于思想范围去寻找事物发展的动力，从而无法揭示事物发展的根源。

在意识形态家看来，事物发展的动力是思维活动的结果。意识形态家之所以得出这一判断，是与他们的思维方式紧密相关的。一方面，意识形态家从纯粹的思维出发，去分析事物的发展过程。在意识形态家看来，事物要么是人们头脑加工改造的产物，要么就是依据前人的思维推导出来的结果。另一方面，意识形态家仅仅通过思想材料去分析和解释事物的发展。作为"积极的、有概括能力的"意识形态家，善于从繁杂的思想材料中，总结概括出符合自身需要的思想内容。思想材料是意识形态家认识事物的主要来源，而现实材料则被排除在认识之外。

毋庸置疑的是，人们认识世界的过程必须运用思维这一中介，人们通过思维对现实的感性材料进行加工改造，并通过抽象概括使感性认识上升到理性认识，进而形成了哲学、道德、宗教、艺术等丰富的思想体系。在这一过程中，思维只是认识抽象化、理论化的中介，绝不是事物发展的根源。因为思维依赖于现实世界，现实世界为思维提供了可思维的对象。思维本质上是对客观世界的反映，不能脱离客观世界而存在。所以思维对事物发展动力的认识和把握，归根结底是来源于现实世界的。因此，意识形态产生和发展的根源在于现实世界，在于人们的物质生产方式。马克思恩格斯指出："我们的出发点是从事实际活动的人，而且从他们的现实生活过程中还可以描绘出这一生活过程在意识形态上的反射和反响的发展。甚至人们头脑中的模糊幻象也是他们的可以通过经验来确认的、与物质前提相联系的物质生活过程的必然升华物。因此，道德、宗教、形而上学和其他意识形态，以及与它们相适应的意识形式便不再保留独立性的外观了。"[①] 可见，意识形态是对人们的物质生活和经济关系的反映，意识形态根源于经济基础，始终受到经济基础的制约和决定。

意识形态的产生以经济基础为根源，那就必须适应经济基础的发展。以此为依据，便可发现今天西方国家的一些意识形态家所宣扬的"普世价值"并不具有普适性。因为世界各国的经济社会发展存在差异，各国的历史传统和文化心理存在差异，在此基础上不可能产生完全相同的意识形态，也就不存在适用于世界各国的所谓"普世价值"。因此，当前西方意识形态家所宣扬的"普世价值"，是一种妄图将世界各国纳入资本主义体系的意识形态霸权。

[①] 《马克思恩格斯文集》第 1 卷，北京：人民出版社 2009 年版，第 525 页。

　　而且他认为这是不言而喻的，因为在他看来，一切行动既然都以思维为中介，最终似乎都以思维为基础。

　　【论断】意识形态家认为行动受思维的支配，从而提出思维是行动的基础的观点。

　　意识形态家之所以将思维看做事物发展的动力，与他们对思维和行动的关系的认识有关。在他们看来，行动受到思维的支配，思维就是行动的基础。的确，人们的行动受到思维的直接影响，人们的思维一旦形成，就会对人们的行动发挥驱动、引领和引导的作用。比如人们在行动的过程中，总是通过思维的方式去分析是否行动、如何行动的问题，从而争取为自身的行动收到良好效果。因此在意识形态家看来，思维既然能够支配行动，那就说明思维是行动的基础。

　　很明显，意识形态家颠倒了思维和行动的关系。一切行动确实以思维为中介，没有思维这一中介，那么行动不可能生成。然而，在思维发挥中介作用的背后，却是实践活动决定人们的思维等意识活动。"全部社会生活在本质上是实践的。凡是把理论引向神秘主义的神秘东西，都能在人的实践中以及对这种实践的理解中得到合理的解决。"①思维无非是人们实践活动在主观上的反映，思维所提出的无非是实践所要求提出的。正是在这种意义上，思维以实

---

① 《马克思恩格斯文集》第1卷，北京：人民出版社2009年版，第501页。

践为基础，而不是行动以思维为基础。

　　当然，属于本领域或其它领域的外部事实对这种发展可能共同起决定性的作用，但是这种事实本身又被默认为只是思维过程的果实，于是我们便始终停留在纯粹思维的范围之中，而这种思维仿佛顺利地消化了甚至最顽强的事实。

　　【论断】经济基础决定上层建筑这一事实被意识形态家看成是思维所决定的，因此意识形态家很自然地就用思维来解释一切。

　　经济基础决定上层建筑，是外在于意识的客观事实。"人们在自己生活的社会生产中发生一定的、必然的、不以他们的意志为转移的关系，即同他们的物质生产力的一定发展阶段相适合的生产关系。这些生产关系的总和构成社会的经济结构，即有法律的和政治的上层建筑竖立其上并有一定的社会意识形式与之相适应的现实基础。"[1] 经济基础作为一定社会发展的生产力所决定的生产关系的总和，决定着上层建筑的生成和发展，这一点不以人们的意志为转移，人们对此既无法创造或改变，也无法将其消灭。可是在意识形态家看来，经济基础对上层建筑的决定作用，既然是思维所把握的事实，那么就是思维活动的结果。也

---

[1] 《马克思恩格斯文集》第 2 卷，北京：人民出版社 2009 年版，第 591 页。

就是说，经济基础决定上层建筑这一事实，只是因为思维意识到它的存在。与此同时，意识形态家用思维"消化"事实的过程，体现为人的主观思维把握客观世界的过程，体现为人的主观思维构成为事物发展的动力。因此，意识形态家主张用思维来解释一切，将事实的存在和发展完全归结为思维活动的结果。

很显然，意识形态家颠倒了思维和存在的关系问题。"思想、观念、意识的生产最初是直接与人们的物质活动，与人们的物质交往，与现实生活的语言交织在一起的。人们的想象、思维、精神交往在这里还是人们物质行动的直接产物。"[1] 思维并不是凭空产生的，而是人脑对社会存在的反映。一方面，思维依赖于人脑而存在。思维是人脑的机能，人脑提供了人们思维的物质载体。另一方面，客观实在为人脑提供了思维的对象。客观实在是思维的唯一来源，离开了客观实在，思维的一切对象皆为"无"。因此只有认识到思维的真正来源，才能避免将意识形态的发展归结为思维发展结果的错误观念。

正是国家制度、法的体系、各个不同领域的意识形态观念的独立历史这种外观，首先迷惑了大多数人。

【论断】上层建筑的所谓独立发展的历史导致意识形态

---

① 《马克思恩格斯文集》第 1 卷，北京：人民出版社 2009 年版，第 524 页。

家得出唯心主义的观点。

　　上层建筑似乎具有独立发展的历史，并以思维活动的外观形式呈现出来。上层建筑中的国家制度、法律和意识形态产生以后，就在不断的发展中获得了日益丰富的实体内容和表现形式。从表面来看，国家制度的更替、法律的修改以及意识形态的变迁，好像都是在思维中完成的，是思维引导行动的结果，并不依赖客观世界。特别是远离现实世界的意识形态，似乎是从思维中产生，深植于人们的思维之中，并随着人们思维的活动而不断演进。可见，若仅从表面去理解上层建筑的发展过程，就容易忽视上层建筑产生和发展的真正根源。

　　上层建筑看似独立发展的外观，使得意识形态家将上层建筑的发展视为纯粹思维的活动。意识形态家从唯心主义的立场出发，从纯粹思维领域去认识事物的发展。所以在他们看来，上层建筑也是从思维中产生的，随着思维的发展而发展。而意识形态家之所以得出唯心主义的观点，就在于未能认识到思维本来也是历史的产物。而在实质上，上层建筑并不具有独立的历史发展，始终受到经济基础的制约和决定。考察人类历史的演变过程便可发现，上层建筑的转变与经济基础的变化是相适应的。比如说，资本主义生产方式的发展，推动了上层建筑的变革，符合资产阶级要求的意识形态取代了封建主义意识形态，而当资本主义经济发展到一定阶段，就会产生无产阶级意识形态。总

之，上层建筑的发展决定于经济基础，并随着经济基础的
变化而改变。

　　如果说，路德和加尔文"克服了"官方的天主教，黑
格尔"克服了"费希特和康德，卢梭以其共和主义的《社
会契约论》间接地"克服了"立宪主义者孟德斯鸠，这仍
然是神学、哲学、政治学内部的一个过程，它表现为这些
思维领域历史中的一个阶段，完全不越出思维领域。

　　【论断】理论学说的发展表面看来是思维领域的事情，
实质则根源于现实社会的发展。

　　长期以来，理论学说的进步常被视为思想的胜利，而
与现实世界的发展缺乏关联。理论学说是每一个时代的思
想家认识和把握世界的逻辑体系，在历史的长河中不断传
承和发展。自文艺复兴特别是启蒙运动以来，西欧社会掀
起了思想解放的浪潮，众多理论学说陆续登场，涵盖神学、
哲学和政治学等多个领域，而理论学说的巨大进步，使得
人们把这一切视为思想的胜利。恩格斯在这里从神学、哲
学和政治学三个领域出发，来辨析这种看法产生的原因。
在神学领域，马丁·路德和加尔文的宗教改革，似乎只是
从宗教观念上对官方天主教进行了改造，是宗教思想的自
我转变。在哲学领域，黑格尔的客观唯心主义取代康德和
费希特主观唯心主义，也只不过是哲学立场的转变。在政
治学领域，卢梭的社会契约论以共和主义代替了孟德斯鸠

的君主立宪，也只被看做政治思想的进步。这些领域的理论发展，似乎都是在思维中完成的，始终停留在思维领域。的确，若仅停留于理论学说的表面，则容易将其视为纯粹思想的进步，毕竟这些理论学说是以思维的形式表现出来的，并在思维中不断更迭。然而他们忽视的重要一点便是，理论学说的进步与现实社会的发展紧密相关，正是现实社会的发展要求，为理论学说的产生和发展提供了基础条件。

现实社会的发展特别是经济基础的发展，是理论学说得以产生和发展的根本原因。意识形态家将理论的进步归结为思想的胜利，而忽视了经济基础对理论所发挥的作用。其实，马丁·路德和加尔文宗教改革的真正动力是资本主义经济的发展，促使资产阶级要求更多的宗教自由，摆脱传统天主教的束缚；黑格尔哲学则反映了当时德国资产阶级的意识形态，兼具革命性和保守性；而卢梭的《社会契约论》也是资产阶级力量不断壮大的结果，资产阶级不再需要仰赖君主制来实现自身利益。可见，这些理论学说的产生是与经济发展紧密相关的，并非是单纯思维发展的结果。所以正是资本主义经济的发展，提出了新的时代要求，为神学、哲学和政治学的理论进步提供了最根本的现实条件。

实际上，理论学说如果仅仅停留在思想领域，则无法对现实社会发展产生实质性影响。正如乌托邦思想反映了人类对美好生活的憧憬，但由于远离现实社会、无法真正得以实现，从而就不可能对现实世界的革命化进程发挥有效作用。"理论在一个国家实现的程度，总是取决于理论满足这个国家的需要的程度。"① 理论只有反映时代的要求，才能成为推动现实世界发展的积极力量。

　　与此有关的还有意识形态家们的一个愚蠢观念。这就是：因为我们否认在历史中起作用的各种意识形态领域有独立的历史发展，所以我们也否认它们对历史有任何影响。这是由于通常把原因和结果非辩证地看做僵硬对立的两极，完全忘记了相互作用。这些先生们常常几乎是故意地忘记，一种历史因素一旦被其它的、归根到底是经济的原因造成了，它也就起作用，就能够对它的环境，甚至对产生它的原因发生反作用。

　　【论断】历史因素虽然产生于经济基础，但是能够对经济基础发挥反作用。

　　意识形态的发展并不是绝对独立的过程，始终受到经济基础的制约和决定。意识形态家从唯心主义的立场出发，认为意识形态的发展是完全独立的思维过程。恩格斯揭示出，意识形态的发展绝不是自足的，并不具有独立性。经济基础决定上层建筑，经济基础的变化导致上层建筑的变化。依据这一原理，作为上层建筑的意识形态，其发展过

---

① 《马克思恩格斯文集》第 1 卷，北京：人民出版社 2009 年版，第 12 页。

程是被经济基础决定的，无法脱离经济基础而独立发展。可是在意识形态家看来，马克思恩格斯不承认意识形态具有独立发展的历史，也就否定了意识形态对历史发展的作用。恩格斯对意识形态家的这一错误观点进行了分析和批判。在恩格斯看来，意识形态家曲解了唯物史观，没有看到经济基础和上层建筑的辩证关系。在意识形态家那里，经济基础和上层建筑是完全对立的，上层建筑既然被经济基础所决定，那就不能对经济基础产生影响。而意识形态家之所以无法认识到经济基础和上层建筑的辩证关系，主要是由意识形态家形而上学的思维方式决定的。当然恩格斯也指出，马克思和他在过往没有充分地阐述这一原理。"起初总是为了内容而忽略形式。如上所说，我也这样做过，而且我总是在事后才发现错误。"① 马克思恩格斯在反对唯心主义的过程中，往往只强调经济基础对上层建筑的决定作用，一定程度上忽视了上层建筑的反作用。因此恩格斯在此特别强调，由经济基础所决定的历史因素，能够对经济基础产生反作用。

历史因素和经济基础是相互联系、相互作用的辩证关系。一方面，历史因素归根结底是由经济基础决定的。历史因素的产生和发展，受到经济基础的强有力的制约和决定。某种历史因素的产生，是经济基础发展到一定阶段的

---

① 《马克思恩格斯文集》第 10 卷，北京：人民出版社 2009 年版，第 659 页。

必然结果，而经济基础的变革会引起历史因素的变化和发展。当然，经济基础对某些历史因素的决定作用，只有在归根结底的意义上才是成立的。比如经济基础并不直接作用于意识形态，而是通过政治、法律等因素对其产生影响。另一方面，一种历史因素一旦产生，就会对经济基础产生反作用。历史因素的反作用具体体现在两个方面：一是这种历史因素顺应了经济基础的发展要求，会对历史发展产生促进作用；二是这种历史因素违背了经济基础的发展要求，则会对历史发展产生阻碍作用。不过，历史因素对经济基础所发挥的反作用，不能超出一定的条件和范围。

结合马克思主义产生和发展的过程，就能更加清晰地理解经济基础和历史因素的辩证关系。马克思主义是经济基础发展到一定阶段的产物，并反过来对经济基础的发展产生反作用。资本主义生产方式是马克思主义产生的最重要的经济基础。资本主义生产方式产生之初，催生了资产阶级的意识形态，在这种意识形态的引领下，资产阶级革命不断取得成功，资本主义经济获得了较大发展。可是随着资本主义社会的发展，资本主义经济的内在矛盾日益尖锐，生产资料私有制越来越不适应社会化大生产的需要。而马克思主义正是为了解决资本主义社会的基本矛盾而产生的，是对资本主义生产方式的批判和超越。然而，马克思主义虽然脱胎于资本主义社会，但并不是资本主义社会的辩护性意识，而是要以社会主义社会和共产主义社会取代资本主义社会。马克思主义认识到，资本主义的生产方式最终将不再适应社会化大生产的需要，必须以更高级的生产方式予以取代。同时在资本主义生产方式下，无产阶级饱受剥削和压迫，因此马克思主义将无产阶级的解放作为自身的理论目标，号召无产阶级砸碎资产阶级的统治锁链，建立"自由人的联合体"，从而真正实现每个人的自由全面发展。由此可见，马克思主义适应了经济基础发展的需要，并对人类社会的发展发挥出重要的引导作用。

恩格斯致瓦尔特·博尔吉乌斯

1894 年 1 月 25 日于伦敦

我们视之为社会历史的决定性基础的经济关系，是指一定社会的人们生产生活资料和彼此交换产品（在有分工的条件下）的方式。

【论断】社会历史中有决定性意义的经济关系是生产方式和交换方式的统一。

历史唯物主义是马克思主义科学的世界观和方法论，但是在德国思想界，存在着把历史唯物主义教条化、庸俗化的现象。其中，德国社会民主党内的"青年派"便把历史唯物主义当成现成公式肆意解读历史事实。他们机械、片面地理解经济的决定性，把社会历史发展视为纯粹经济因素发挥作用的结果，这就是"经济决定论"。"经济决定论"的错误认识引发了资产阶级思想家对历史唯物主义的攻击，将历史唯物主义污蔑为"经济唯物主义"，指认历史唯物主义在历史观上是"历史宿命论"。在这样的背景下，博尔吉乌斯写信向恩格斯请教有关社会历史的决定性因素问题。恩格斯写了回信，并在回信中阐述了经济关系决定社会历史的相关问题。

德国社会民主党内的"青年派"认同经济因素对社会历史的决定性作用，但是他们把社会历史视为纯粹经济因素作用的结果，忽略了上层建筑的作用，进而陷入了"经济决定论"。而事实是，马克思恩格斯在建构历史唯物主义时并没有只说明经济因素对社会历史的作用，也说明了其他因素对社会历史的作用。当然，要科学理解历史唯物主义，首先需要承认经济因素对社会历史的决定性作用，这是说明其他因素对社会历史产生作用的前提。在这句话中，恩格斯说明了经济关系决定社会历史发展这一历史唯物主义的基本思想，重点阐述了经济关系的核心内涵。纵观恩格斯相关论述，恩格斯曾使用过多种范畴，例如"经济基础""物质生活条件""经济运动""经济关系"等来说明社会历史的决定性因素，"经济关系"只是其中的一种。在恩格斯看来，经济关系"是指一定社会的人们生产生活资料和彼此交换产品（在有分工的条件下）的方式"，是指生产方式与交换方式的统一。

　　人类社会存在与发展的基础是物质资料的生产，包括社会生产资料的生产和人们生活资料的生产。物质资料生产要采取一定的社会形式，即采取一定的生产方式才能进行。生产方式是生产力与生产关系的对立统一。生产力是人们改造自然并从自然界获取物质资料时所表现出来的生产物质资料的能力，包括劳动资料、劳动对象和劳动者等要素。生产力表征的是人与自然的关系。在生产中，人们相互之间会发生一定的关系，只有在这些关系中才会有他们对自然的影响，才会有生产。在生产中结成的人与人的社会关系就是生产关系。生产力与生产关系是生产中的两个方面，在物质生产过程中相互作用。这种相互作用体现在：生产力决定生产关系，有什么样的生产力就有什么样的生产关系；生产关系反作用于生产力，当生产关系适应生产力的时候就推动生产力的发展，反之，则阻碍生产力的发展。生产力与生产关系的相互作用及其矛盾运动构成了生产方式的矛盾运动，生产方式的矛盾运动推动着人类社会的发展，这意味着生产方式是经济关系的根本构成因素，是人类社会存在与发展的决定力量。

　　生产方式是人类社会存在与发展的基础，马克思曾指出：人类的"第一个历史活动就是生产满足这些需要的资料，即生产物质生活本身，而且，这是人们从几千年前直到今天单是为了维持生活就必须每日每时从事的历史活动，是一切历史的基本条件"。① 这是一切人类生存、一切历史的第一个前提，人们为了能够"创造历史"，就必须能够生活，而为了能够生活，就必须解决吃喝住穿等问题。只有满足了吃喝住穿等基本物质需求，人们才能从事政治、艺术、科学等活动。这意味着整个社会生活、政治生活和精神生活都直接或间接地受到生产方式的制约。与此同时，生产方式决定社会的性质、结构和面貌，生产方式的变革推动社会形态的更替。在每个特定的社会中，产品的分配以及与它相伴随的社会阶级或等级，也是由生产什么、怎么样生产以及怎样交换产品所决定的。此外，生产方式决定着人类利用和改造自然的方式和水平，决定着新社会对旧社会残余的改造方式，决定着各个国家之间政治、经济、文化交往的方式和途径。这表明有什么样的生产方式，就有什么样的社会形态和社会性质。生产力状况和生产关系的性质，尤其是生产资料所有制的性质决定着社会形态及其性质。

生产的目的是消费。为了满足多种消费需求，生产出来的劳动产品需要进行交换，交换需要采取一定的方式才能进行，由此就产生了交换方式。交换方式是人们彼此交换产品的方式，它解决的是交换怎样进行的问题。那么，交换具体怎样进行呢？这涉及交换对象在交换者之间如何

① 《马克思恩格斯文集》第 1 卷，北京：人民出版社 2009 年版，第 531 页。

运动的问题。交换对象不同，交换对象在交换者之间的运动方式就不同。人类社会的交换方式演变出多种形式，从最简单的物物交换发展到商品流通，到如今的信息交换、服务交换、技术交换等。在恩格斯的语境中，交换方式也是经济关系的重要构成因素，它与生产方式共同体现出人与自然的关系和人与人的社会关系。不过，在生产方式和交换方式的统一体中，生产方式是更具决定性的一方，交换方式在归根结底的意义上也是由生产方式决定的。

因此，这里包括生产和运输的全部技术。这种技术，照我们的观点看来，也决定着产品的交换方式以及分配方式，从而在氏族社会解体后也决定着阶级的划分，决定着统治关系和奴役关系，决定着国家、政治、法等等。

【论断】作为一种特殊的生产力，技术决定着交换方式和分配方式，决定着阶级划分及阶级之间的关系，决定着一个社会的上层建筑。

在这句话中，恩格斯一方面说明了经济关系的重要构成因素，即"生产和运输的全部技术"，它作为一种生产力对社会历史发挥的作用，另一方面说明了技术对产品的交换方式、分配方式、阶级关系、上层建筑的决定作用。一般来说，人类在生产中会发生两种关系，一种是人与自然的关系，一种是人与人的社会关系。人与自然的关系表现为生产力，它是人们改造自然并从自然界获取物质资料时所表现出来的生产物质资料的能力，而人们在物质资料生产过程中所结成的社会关系就是生产关系。生产力与生产关系的相互作用及其矛盾运动推动着人类社会的发展。在人类社会历史发展的一定阶段，当生产关系适应生产力发展的时候，生产关系对生产力起促进作用，进而推动社会的发展，而当"社会的物质生产力发展到一定阶段，便同它们一直在其中运动的现存生产关系或财产关系（这只是生产关系的法律用语）发生矛盾。于是这些关系便由生产力的发展形式变成生产力的桎梏。那时社会革命的时代就到来了"。① 为了推动社会的发展，只有通过社会革命的形式促进生产关系重新适应生产力发展的要求。由此可见，生产力是人类社会发展的最基本的决定因素。

生产力是一个广泛而复杂的有机体，由多种有机的不同要素构成。马克思对生产力的组成要素做过说明，指出生产力包括工人的平均熟练程度、科学的发展水平和它在工艺上应用的程度、生产过程的社会结合、生产资料的规模和效能，以及自然条件等。从组成要素的属性来看，生产力是由劳动者、劳动资料和劳动对象构成的。劳动者是制造和使用劳动资料、开发和加工劳动对象、自制和管理生产过程的人，在生产过程中起着主导作用。劳动资料又

---

① 《马克思恩格斯文集》第 2 卷，北京：人民出版社 2009 年版，第 591—592 页。

称劳动手段，"劳动资料是劳动者置于自己和劳动对象之间、用来把自己的活动传导到劳动对象上去的物或物的综合体"，① 是人类劳动力发展的测量器，是劳动借以进行的社会关系的指示器。劳动对象包括"天然存在的劳动对象"、开发与加工过的劳动对象。除了劳动者、劳动资料和劳动对象外，还有一种特殊的生产力，那就是技术。技术作为一种特殊的生产力，要与生产力中的其他要素结合才能转化为现实的生产力。在现代社会的生产过程中，劳动的技术水平越来越受到重视，劳动资料的创新，劳动对象的利用和开发越来越离不开技术的力量。技术渗透到劳动者要素中，能够激发劳动者的创造性和能动性；技术渗透到劳动资料要素中，能够改变生产工具而创造出新的生产工具，进而提高利用率；技术渗透到劳动对象要素中，能够加强劳动对象的利用和开发，甚至发现新的劳动对象。总的来说，技术的进步推动着生产力的不断发展，生产力的发展又推动着生产关系、上层建筑和思想文化不断发生变化。

首先，技术作为一种生产力决定着产品的交换方式和分配方式。在马克思看来，交换、分配与消费一同构成一个总体的各个环节，它们都是作为生产的要素包含在生产之内，即一定的生产决定着一定的消费、交换与分配以及

---

① 《马克思恩格斯文集》第5卷，北京：人民出版社2009年版，第209页。

三者之间的相互关系。就生产与交换、分配之间的关系而言，人们以什么样的形式参与生产，就以什么样的形式参与交换与分配，"交换就其一切要素来说，或者是直接包含在生产之中，或者是由生产决定"。① 交换和分配本身是生产的产物，生产方式决定交换方式和分配方式。技术作为一种生产力也在发挥着决定交换方式和分配方式的作用，它或者表现为技术作为一种革命性力量，促进着生产方式的更新换代，从而导致交换方式和分配方式的升级变换，或者表现为技术本身作为生产力要素的一部分，生产技术和提供技术的主体参与到交换活动和分配活动中，由此技术在一定意义上决定着交换方式和分配方式。

其次，技术作为一种生产力参与到决定阶级划分及阶级关系的过程中。马克思恩格斯指出，阶级是生产力有了一定发展而发展又相对不足的产物。这表明，在生产力极其低下或生产力高度发达的情况下没有阶级存在，只有在生产力发展到一定水平的条件下才有可能产生阶级及其关系。而生产力的一定水平，往往和技术的发展水平紧密联系着，由此技术也就参与到决定阶级产生、阶级划分和阶级关系的过程中。"随着新生产力的获得，人们改变自己的生产方式，随着生产方式即谋生的方式的改变，人们也就会改变自己的一切社会关系。手推磨产生的是封建主的社

---

① 《马克思恩格斯文集》第8卷，北京：人民出版社2009年版，第23页。

会，蒸汽磨产生的是工业资本家的社会。"① 社会生产力中技术发挥着极其关键的作用，生产力的水平在很大程度上就是由技术的水平和含量所决定的，因此内涵着技术因素的生产力决定着阶级的生成过程和相互关系的发展过程。

最后，技术作为一种生产力决定着"国家""政治"和"法"等上层建筑。生产力、生产关系与上层建筑共同构成了人类社会的基本结构，一定社会形态中占统治地位的生产关系的总和构成经济基础，有什么样的经济基础，就要求有什么样的上层建筑与之相适应。上层建筑分为观念的上层建筑和政治的上层建筑，而这段话中的"国家""政治"和"法"均属于政治上层建筑。既然技术是生产力中极为重要的部分，那么技术也就蕴含在生产力的决定性作用中而发挥出对"国家""政治"和"法"的决定性作用。

此外，在经济关系中还包括这些关系赖以发展的地理基础和事实上由过去沿袭下来的先前各经济发展阶段的残余（这些残余往往只是由于传统或惰性才继续保存着），当然还包括围绕着这一社会形式的外部环境。

【论断】经济关系还包括这些关系赖以发展的地理基础、先前各经济发展阶段的残余和一定的外部环境。

所谓经济关系，是指人们在物质生产过程中所结成的社

① 《马克思恩格斯文集》第1卷，北京：人民出版社2009年版，第602页。

会关系。在外延上，经济关系是由多种因素构成的复杂系统，涵盖地理基础、先前经济发展阶段的残余和外部环境。

首先，地理环境为人类提供了丰富的生产资料和劳动对象，是经济关系产生与发展的自然基础。人们只能在地理环境所提供的自然条件基础上进行物质资料生产，并通过相互交换各自的产品形成一定的经济关系。所以，地理环境是社会物质资料生产的基础，制约着经济关系的产生和发展。同时，"不同的共同体在各自的自然环境中，找到不同的生产资料和不同的生活资料。因此，它们的生产方式、生活方式和产品，也就各不相同"。① 地理环境对经济关系具有塑造作用，不同的地理环境孕育出不同的经济关系。例如，资本主义的产生与发展就与地理环境紧密相关。一方面，资本主义之所以能够在意大利沿海地区萌芽，离不开意大利沿海地区独特的地理环境。意大利沿海濒临海洋、土地狭小、土壤贫瘠，不太适合农耕经济，人们只能从事商品贸易活动或面向海洋国家的贸易，这些就为早期资本主义的兴起提供了有利条件。可见，海洋环境的适宜，是早期资本主义得以产生的重要条件。另一方面，西欧国家通过开辟新航路拓展了自身的活动空间，这成为早期资本主义迅猛发展的重要动力，从而为资本主义的全球扩张奠定了基础。

---

① 《马克思恩格斯文集》第5卷，北京：人民出版社2009年版，第407页。

　　其次，先前经济发展阶段的残余是现有经济关系的重要组成部分。马克思指出："每一代都利用以前各代遗留下来的材料、资金和生产力；由于这个缘故，每一代一方面在完全改变了的环境下继续从事所继承的活动，另一方面又通过完全改变了的活动来变更旧的环境。"① 由此可见，人们的物质生产活动是前后相继的发展过程，每个时代的经济活动只有在继承以往的生产力以及资金、技术的基础上，才能继续向前发展。因此，每个时代的经济关系不可避免地受到旧的经济关系的影响，保留着以往时代的经济关系的残余。旧的经济关系的残余之所以能够得以保存，是由传统因袭或人们的历史惯性所直接导致的。当然，旧的经济关系的残余在新的时代环境下并不占有主导地位，但是能够对占有主导地位的经济关系产生影响。旧的经济关系残余以何种表现形式存在于新的经济关系中，取决于占主导地位的经济关系的内部结构。正如马克思所指出的："把经济范畴按它们在历史上起决定作用的先后次序来排列是不行的，错误的。它们的次序倒是由它们在现代资产阶级社会中的相互关系决定的，这种关系同表现出来的它们的自然次序或者符合历史发展的次序恰好相反。问题不在于各种经济关系在不同社会形式的相继更替的序列中在历史上占有什么地位，更不在于它们在'观念上'（蒲鲁东）

---

① 《马克思恩格斯文集》第 1 卷，北京：人民出版社 2009 年版，第 540 页。

（在关于历史运动的一个模糊的表象中）的顺序，而在于它
们在现代资产阶级社会内部的结构。"① 从社会形态的演变
历程来看，无论是资本主义社会，还是社会主义社会，都
不可避免地带有旧时代的经济关系的残余，新的社会形态
不可能一劳永逸地将旧社会经济关系的所有要素消灭。正
是在这种意义上，旧的经济关系与新时代占主导地位的经
济关系会长期共存、相互影响，共同作用于社会经济的
发展。

　　再次，外部环境是经济关系发展的重要支撑。人们所
处的外部环境，包括自然环境和历史环境，恩格斯在此强
调的外部环境特指历史环境，即一个社会在历史上所处的
具体环境。外部环境影响着一个社会经济关系的具体形式，
对经济关系的各个要素产生影响。经济关系作为社会关系
的一种，也会受到外部环境的影响和制约。外部环境在经
济关系中的作用，在马克思论述俄国农村公社命运的时候
得以体现。在马克思看来，俄国农村公社是自身解体从而
走向资本主义，还是成为过渡到新社会形态的起点，取决
于它所处的历史环境。具体来看，俄国农村公社处于资本
主义大发展的历史环境下，不可避免地受到资本主义因素
的影响，而资本主义所带来的生产力发展既为农村公社走
向更高阶段的公有制提供了条件，但是也提供了促使农村

---

① 《马克思恩格斯文集》第 8 卷，北京：人民出版社 2009 年版，第 32 页。

公社走向瓦解的多种可能性。可见，外部环境在经济关系中具有重要地位，甚至在某些历史时刻会发挥出支配经济关系走向的重大作用。

我们把经济条件看做归根到底制约着历史发展的东西。

【论断】在归根结底的意义上，经济条件制约着人类历史的发展。

马克思恩格斯作为唯物史观的创立者，揭示出历史发展的终极原因和基础动力在于经济条件，终结了唯心主义在社会历史领域的统治地位。不难看出，马克思恩格斯在批驳唯心史观的过程中，反复强调经济条件对历史发展的决定作用，在一定程度上相对忽视了政治、法律、思想和文化对历史发展的重要影响，致使部分人将唯物史观误解为"经济唯物主义"。所谓经济唯物主义，就是将经济因素视为决定历史发展的唯一因素，完全排斥非经济因素对历史发展的重要作用。因此，恩格斯在归根结底的意义上再次强调经济条件对历史发展的决定作用，旨在澄清人们对唯物史观的误读和歪曲。在恩格斯看来，历史发展的最终决定因素在于经济条件，但也不可忽视上层建筑诸要素的重要作用。

一方面，经济条件在根基上决定着历史的发展。第一，经济条件对历史活动具有决定作用。马克思恩格斯在《共产党宣言》中指出："至今一切社会的历史都是阶级斗争的历史。"① 阶级斗争是推动历史发展的直接动力，但是阶级斗争的根源在于物质利益的对立，这就需要从经济条件来探寻社会历史发展的最终动力。无产阶级之所以要掀起反对资产阶级的阶级斗争，正是因为无产阶级和资产阶级在生产资料占有和社会财富分配上的对立和冲突。因此，阶级斗争归根结底是围绕经济利益进行的，是解决经济利益相互对立的阶级矛盾的历史性活动。第二，经济条件的变革推动着历史的发展。当社会生产力发展到一定阶段，就会引起思想、政治等上层建筑领域的变革，从而推动历史的变迁。"一切社会变迁和政治变革的终极原因，不应当到人们的头脑中，到人们对永恒的真理和正义的日益增进的认识中去寻找，而应当到生产方式和交换方式的变更中去寻找。"② 所以，资本主义社会取代封建社会，直接地来看是人们对自由、平等、博爱等启蒙理想追求的结果，但在根源上是源出于社会生产力的发展对上层建筑提出的更高要求。

另一方面，经济条件不是决定历史发展的唯一因素，政治、法律、思想和文化等上层建筑的因素也能对历史发展发挥作用。作为与经济基础相适应的上层建筑，会直接或间接地对历史发展发挥作用。政治上层建筑往往通过制

① 《马克思恩格斯文集》第 2 卷，北京：人民出版社 2009 年版，第 31 页。
② 《马克思恩格斯文集》第 9 卷，北京：人民出版社 2009 年版，第 284 页。

定政策、颁布法律等方式对社会发展进行指导和干预，使其按照既定的路线发展，进而直接影响历史发展的过程和方向。而观念上层建筑则通过思想、文化和艺术等形式作用于人们的精神世界，使其与自身发展愿望相符合，从而对历史发展产生间接影响。值得注意的是，上层建筑对历史发展具有双重作用。当上层建筑所坚持的政策、法律和意识形态等内容与历史发展的趋势相符合的时候，上层建筑就会对历史发展起到推动作用，反之则会成为阻碍历史发展的消极力量。因此，经济因素不是决定历史发展的唯一因素，非经济因素也能对历史发展产生影响。

政治、法、哲学、宗教、文学、艺术等等的发展是以经济发展为基础的。

【论断】上层建筑的发展以经济发展为基础。

上层建筑建立在一定的经济基础之上。上层建筑分为政治上层建筑和观念上层建筑。政治、法律等因素都属于政治上层建筑的范畴，而哲学、宗教、文学和艺术等因素则属于观念上层建筑的范畴。无论是政治上层建筑还是观念上层建筑，其产生和发展都决定于经济基础。

首先，经济基础的需要决定上层建筑的产生。上层建筑是经济基础的派生物，是经济基础在政治或思想上的表现形式。例如，作为上层建筑的国家不是从来就有的，而是在私有制和阶级发展的基础上产生的。在原始社会阶段，由于社会生产力极度低下，人们只能共同劳动、共同占有生产资料，实行平均分配产品的原则。因而原始社会就没有阶级和剥削，同样也没有国家。但是到了原始社会后期，伴随着社会生产力的发展，社会产品有了剩余，因此也就有了基于剩余产品而带来的私人占有产品或排他性占有产品的现象，这就是私有制的最初生成，而建立在私有制的基础上，一定的社会集团占有另一社会集团劳动产品的现象，表明了阶级的产生。伴随着私有制和阶级的产生，国家也应运而生。"国家是承认：这个社会陷入了不可解决的自我矛盾，分裂为不可调和的对立面而又无力摆脱这些对立面。而为了使这些对立面，这些经济利益互相冲突的阶级，不致在无谓的斗争中把自己和社会消灭，就需要有一种表面上凌驾于社会之上的力量，这种力量应当缓和冲突，把冲突保持在'秩序'的范围以内；这种从社会中产生但又自居于社会之上并且日益同社会相异化的力量，就是国家。"① 可见，国家的产生根源于经济基础的要求，是生产力发展到一定阶段的必然产物。

其次，经济基础的性质决定上层建筑的性质。有什么样的经济基础，就会有什么样的上层建筑与之相适应。封建小农经济只会产生专制制度和宗法观念，而资本主义社会化大生产则会产生代议制政府和自由主义理念。所以，

---

① 《马克思恩格斯文集》第 4 卷，北京：人民出版社 2009 年版，第 189 页。

上层建筑是与经济基础的性质相适应的，不存在脱离一定经济基础而普遍适用的上层建筑。由于各个国家经济发展状况的差异，不同国家的意识形态等上层建筑表现出明显的差异，这些差异既具有历史合理性，也具有历史必要性。正是在这个意义上，每个国家只有选择与自身经济基础相适应的上层建筑，才能在维护政治稳定的基础上推动经济社会发展。

再次，经济基础的发展决定上层建筑的发展。经济基础是不断变化的，在变化的过程中会引起上层建筑的更迭，从而为自身的发展开辟道路。当然，上层建筑的变化与经济基础的变化并不一定完全同步，或早或晚，或快或慢，但一定会发生变化。同时，政治上层建筑和观念上层建筑对经济基础变化的反映也存在差异。当经济基础发生变化之时，政治上层建筑往往能够较快地实现变革，而观念上层建筑则是相对缓慢地发生变化。例如，部分传统观念在整体上已经不适应现代社会的发展，但是它们仍会以传统观念的形式存留于现代社会中，从而对人们的精神世界产生或积极或消极的影响。

但是，它们又都互相作用并对经济基础发生作用。

【论断】上层建筑内部各要素相互作用，同时对经济基础发挥反作用。

上层建筑包括政治上层建筑和观念二层建筑。政治上层建筑和观念上层建筑建立在一定的经济基础之上，二者相互影响、相互作用。

一方面，观念上层建筑对政治上层建筑具有指导、引领作用。政治上层建筑是在一定的观念上层建筑的指导下建立起来的，体现了统治阶级的利益和要求，会随着观念上层建筑的变化而变化。正如资产阶级国家是在启蒙思想的指导下建立起来的，贯彻了启蒙思想的相关原则和规定，反映了资产阶级的利益和诉求。而社会主义国家则是在马克思主义的指导下成为现实，体现了消灭剥削、消灭压迫、实现人的解放的历史要求，代表着无产阶级和全人类的根本利益。政治上层建筑和观念上层建筑的发展并不一定完全同步。当观念上层建筑超前于政治上层建筑，就会引领政治上层建筑对自身进行改造或变革。所以，观念上层建筑渗透于政治、法律和制度等政治上层建筑之中，成为支配社会意识的精神力量。

另一方面，政治上层建筑一旦确立，就具有了强大的现实力量，能够影响和制约观念上层建筑的发展。政治上层建筑会不遗余力地推广和传播统治阶级的思想、观念和意志，限制和排挤非统治阶级的意识形态。政治上层建筑会要求观念上层建筑发挥意识形态功能，为政治上层建筑统治的合法性进行辩护。同时，政治上层建筑也会制造新的观念上层建筑，更好地为自身服务。"国家一旦成了对社会来说是独立的力量，马上就产生了另外的意识形态。"① 这些意识形态可能具有新的形式和内容，但终究贯彻的是统治阶级的意志，从而更好地维护统治阶级的利益。

上层建筑一旦确立，就能对经济基础产生反作用。但是，政治上层建筑和观念上层建筑对经济基础的反作用存在一定的差异。政治上层建筑往往能够直接对经济基础产生作用。国家作为政治上层建筑的主要力量，能够运用自身权力对经济基础产生三种性质的反作用。第一，国家权力与经济基础处于同一发展方向，能够推动经济基础的发展。也就是说，当经济基础对国家提出更高要求的时候，国家能够顺应经济发展的趋势，制定相应的政策和法律，破除阻碍经济发展的各种障碍，如此就能增强经济发展的动力和活力。第二，国家权力与经济发展方向相违背，则会阻碍经济基础的发展。特别是经济发展处于转型阶段的时候，国家权力若仍固守旧有的制度和模式，不能因时而变，就会成为经济发展的障碍。第三，国家权力阻止经济发展的特定方向，重新规定新的发展方向。国家权力具有相对独立性，能够按照自身的意志和愿望规划经济发展方向，但这种规划若是背离了经济发展方向，也会对经济发展产生负面影响。可见，政治上层建筑对经济基础的作用是直接而强有力的，甚至在一定条件下能够左右经济基础

---

① 《马克思恩格斯文集》第 4 卷，北京：人民出版社 2009 年版，第 308 页。

的发展。

而观念上层建筑主要通过政治上层建筑间接对经济基础发挥作用。观念上层建筑远离经济基础，往往采用哲学、宗教和文化等形式对经济基础产生间接影响。一方面，观念上层建筑具有一定的预见性，指引经济基础的发展。当经济基础发展到一定阶段，思想家或理论家们通过研究经济现象和经济活动，预见经济发展的未来趋势和方向。思想家或理论家们的相关思想和著作，会成为政府制定经济政策的重要参照，进而更好地服务于经济发展。另一方面，观念上层建筑具有相对滞后性，阻碍经济基础的发展。观念上层建筑并不一定能够完全跟上经济基础发展的步伐，旧有的思想和观念就可能成为经济发展的障碍。

这并不是说，只有经济状况才是原因，才是积极的，其余一切都不过是消极的结果，而是说，这是在归根到底不断为自己开辟道路的经济必然性的基础上的相互作用。

【论断】经济基础和上层建筑的相互作用，建立在经济必然性的基础之上。

在唯物史观视域下，经济因素是历史发展的决定性因素。但是，经济因素对历史发展的决定作用，并不意味着经济因素是决定历史发展的唯一因素。也就是说，经济因素不是决定历史发展的唯一的、积极的因素，非经济因素也能对历史发展产生影响。一方面，经济基础需要借助上层建筑的力量对历史发展产生影响。经济基础并不会直接对历史产生作用，而是依靠上层建筑来推动历史的发展。经济基础在发展的过程中，会对政治、思想等领域提出相应的要求，借助政治或思想的力量为自身的发展开辟道路。正如在资本主义对外扩张的过程中，政府、法律和军队等力量会扫除一切可能阻碍资本主义扩张的外部力量，从而成为资本主义的坚强后盾。另一方面，上层建筑诸要素具有相对独立性，并且以相应的手段和方式对历史施加影响。政治上层建筑会制定相应的政策和法律，来直接地影响历史发展的趋势，而观念上层建筑中的哲学、艺术和文化等因素则会作用于人们的精神世界，来引领或影响历史发展的方向。所以，经济因素不是历史发展的唯一决定因素，上层建筑的诸要素也会对历史产生影响。正是经济基础和上层建筑的相互作用，共同推动着历史的发展。

经济基础和上层建筑相互影响、相互作用，这种相互作用是建立在经济必然性的基础之上的。所谓经济必然性，就是经济发展具有自身的客观规律，不以其它因素的意志为转移。经济基础作为生产力和生产关系的总和，其发展主要是生产力和生产关系的矛盾运动决定的。上层建筑对经济基础的反作用具有一定限度，总是受到一定经济基础的制约。因为上层建筑是建立在一定经济基础之上的，只能对产生它的经济基础发挥作用。同时，上层建筑对经济基础的反作用，也会随着经济基础的变化而变化。例如，封建国家的制度和法律只能适用于封建国家的自然经济基础，而无法对资本主义国家的经济基础产生影响，而当封建国家的自然经济向资本主义商品经济转型的同时，封建国家的制度和法律也会随之发生变革。所以，经济基础对上层建筑的作用是绝对的、无条件的，而上层建筑对经济基础的反作用则是相对的、有条件的。

所以，并不像人们有时不加思考地想象的那样是经济状况自动发生作用，而是人们自己创造自己的历史，但他们是在既定的、制约着他们的环境中，是在现有的现实关系的基础上进行创造的，在这些现实关系中，经济关系不管受到其它关系——政治的和意识形态的——多大影响，归根到底还是具有决定意义的，它构成一条贯穿始终的、唯一有助于理解的红线。

【论断】经济基础决定上层建筑这一点构成了理解人类历史的红线。

经济基础对历史发展的决定作用，并不是自动发生的。正是因为唯物史观强调经济基础对历史发展的决定作用，使一部分人理所当然地认为经济基础会直接作用于历史。其实在恩格斯看来，经济基础并不会自动地对历史发展发挥作用，这种作用是通过人们自己创造自己历史的过程而体现的。历史作为过往人们的事件和活动，是人们自身创造的结果。而物质生产活动是历史的发源地，人们只有进行物质资料的生产，才能维持人类社会的存在和发展，从而为创造历史提供可能。人们在物质生产的过程中创造着历史，不仅成为"自然界的自觉的和真正的主人"，① 而且成为"自身的社会结合的主人"。② 所以，经济基础是人们创造的一切现实关系的基础，制约和决定着其它社会关系。

人们创造历史的过程，受到以经济关系为基础的现实关系的制约和决定。也就是说，人们只有在现有的现实关系基础上才能创造历史。人们不是随心所欲地创造历史，而是受到一定的前提和条件的制约。一方面，每一个时代的人们决不能撇开前人的历史而重新创造历史，人们无不是在前人所创造的历史基础上进行创造。正是在这种意义上，社会主义取代资本主义的过程中，需要继承资本主义所创造的一切文明成果。另一方面，人们创造历史的过程会受到现有的社会历史条件的制约。现实社会中的经济条件、政治条件和精神条件，都会对人们的思想和行动产生影响。

很明显，上层建筑诸要素对经济基础具有重要的反作用，甚至在一定条件下对经济基础具有决定作用。但是，经济基础无论受到上层建筑的多大影响，它都根本地、最终地决定着历史的发展。上层建筑在历史发展的过程中，

① 《马克思恩格斯文集》第 3 卷，北京：人民出版社 2009 年版，第 564 页。
② 《马克思恩格斯文集》第 3 卷，北京：人民出版社 2009 年版，第 564 页。

始终处于从属地位，无法根本地决定历史的发展方向。因此，恩格斯指出经济基础决定上层建筑是理解人类历史的一根红线。人们在理解人类历史的过程中，要以经济关系的决定作用为前提，在经济关系的基础上考察上层建筑诸要素对历史发展的影响。

人们自己创造自己的历史，但是到现在为止，他们并不是按照共同的意志，根据一个共同的计划，甚至不是在一个有明确界限的既定社会内来创造自己的历史。

【论断】到现在为止的历史并不是按照人们的共同意志和共同计划创造出来的。

在唯物史观的视域下，人们自己创造自己的历史。然而，人们不是通过共同意志、共同计划来创造历史的。一方面，自从有人类历史以来，从未实现过人类的所谓共同意志或共同计划，人类的共同意志或共同计划无非是一种意识形态的神话。迄今为止的历史充满着种类各异、相互冲突的个体意志，能够实现的至多是一定范围和一定程度的作为群体意志的共同意志或共同计划，而各个群体的意志或计划则从未实现过共同性。人们由于阶级、身份和地位的差异，其利益和诉求存在着显著差异，往往无法达成共同意志。正如在阶级社会中，统治阶级的意志和被统治阶级的意志是相互冲突的，二者的意志根本无法调和，甚至只能通过冲突和斗争才能解决。

另一方面，人们创造自己历史的过程是连续的，并不局限于既定社会。虽然人们只能在既定的历史条件下创造历史，但人们创造历史的过程具有连续性。历史发展所提出的历史任务，一代人可能无法完成，需要几代人的接续奋斗。马克思指出："无论哪一个社会形态，在它所能容纳的全部生产力发挥出来以前，是决不会灭亡的；而新的更高的生产关系，在它的物质存在条件在旧社会的胎胞里成熟以前，是决不会出现的。所以人类始终只提出自己能够解决的任务。"① 这段话的核心意旨是"两个决不会"，但是其中蕴含着历史的连续性和人们承担历史任务的接续性的重要道理。这就表明，人类创造自己历史的过程是一个充满连续性的过程，而不是非此即彼、截然断裂的过程。

他们的意向是相互交错的，正因为如此，在所有这样的社会里，都是那种以偶然性为其补充和表现形式的必然性占统治地位。

【论断】在人们相互交错的意向的背后，是人类历史发展的必然性占据着统治地位。

历史发展是意志合力作用的结果，每个人的意志都对历史发展产生或大或小、或正或反的影响。而在人们相互交错的意志背后，经济因素才是推动历史发展的决定因素。

① 《马克思恩格斯文集》第 2 卷，北京：人民出版社 2009 年版，第 592 页。

也就是说，经济必然性在历史发展中占据统治地位，而历史上的偶然性只是经济必然性的补充和表现形式。必然性是事物发展中合乎规律的、确定不移的趋势，由事物的内因或根本矛盾决定，决定着事物的性质和发展方向。偶然性是事物发展中不确定的趋势，由事物的外因或非根本矛盾决定，对事物的发展产生着影响和制约作用。必然性和偶然性相互依存、相互补充，没有脱离偶然性的必然性，也没有脱离必然性的偶然性。

　　一方面，必然性通过偶然性来实现。首先，偶然性是必然性的表现形式。历史必然性作为历史发展的总趋势要在偶然性中呈现出来。经济因素固然是历史发展的决定性因素，但是它只能规定历史发展的大致范围和一般趋势，而历史发展的方向和必然趋势是历史主体合力与历史客体合力相互作用的结果。人们创造历史的活动是历史主体按照个人意志去改造历史客体的活动，在创造历史的活动中历史主体合力与历史客体合力相互作用，从而形成了历史合力。而所谓的历史合力，无非是由众多的偶然性力量所构成。正是在这种意义上，大量的、无以计数的偶然性成为必然性发挥作用的基础和载体。其次，偶然性是必然性的补充。历史必然性是在各种偶然性因素中表现出来的历史发展的一般趋势，离开了偶然性，历史必然性只存在于逻辑中，便成了抽象意义的必然性，必然会导致机械的历史决定论。

另一方面，历史事件的偶然性背后蕴含着必然性。正如恩格斯所言："历史事件似乎总的说来同样是由偶然性支配着的。但是，在表面上是偶然性在起作用的地方，这种偶然性始终是受内部的隐蔽着的规律支配的，而问题只是在于发现这些规律。"① 这些规律就是支配历史事件的必然性。必然性主要是指经济必然性，即物质生产活动得以运行的客观规律。恩格斯比较了自然发展史与社会发展史的不同，他指出自然界中全是没有意识的、盲目的动力，一般规律就表现在这些动力的相互作用中，而且任何事情都不是作为预期的、自觉的目的发生的，而社会历史领域中全是具有意识的、经过思虑或凭激情行动的、追求某种目的的动力，任何事情的发生都不是没有自觉的意图和没有预期的目的的。基于此，恩格斯揭示出人们是通过每一个人追求他自己的、自觉预期的目的来创造历史的，并且把历史视为众多按照不同方向活动的愿望以及各种各样作用的合力的结果。但是，恩格斯进一步强调，尽管各个人都有自觉预期的目的，从表面上看历史进程好像是充满着众多的偶然性，好像是偶然性在支配着，但人们所预期的目的很少如愿以偿，往往是这些预期的目的互相干扰、彼此冲突，从而历史的最终结果是各个人所没有预期到的。就这个最终结果没有被各个人所预期而言，这一点恰恰表明

---

① 《马克思恩格斯文集》第 4 卷，北京：人民出版社 2009 年版，第 302 页。

历史事件的众多偶然性之总体遵循着不以任何偶然的意志为转移的必然规律。正是在这个意义上，表面上表现为偶然性所支配着的历史进程，在实质上却是必然性占据着统治地位。

在这里通过各种偶然性来为自己开辟道路的必然性，归根到底仍然是经济的必然性。

【论断】经济必然性通过人类历史的各种偶然性表现出自身。

在唯物史观的视域下，人类历史发展是历史的必然性和偶然性共同起作用的结果。在恩格斯看来，历史发展服从于历史的必然性，但是也不可忽视偶然性对历史发展的作用。"在历史的发展中，偶然性发挥着作用，而在辩证的思维中就像在胚胎的发展中一样，这种偶然性融合在必然性中。"① 偶然性在历史发展的过程中发挥着作用，必然性需要以偶然性为补充和表现形式。但是，偶然性背后隐藏着必然性，必然性在人类历史发展中占据主导地位。历史是人们自己的历史，但是人们不能随心所欲地创造自己的历史，这就表明历史受到必然性的支配。如果否认必然性对历史发展的决定作用，就会导致唯意志论，或者把历史

① 《马克思恩格斯文集》第 9 卷，北京：人民出版社 2009 年版，第 485—486 页。

看成是少数英雄人物的杰作，或者是把人类历史视为偶然
事件的大量堆积。

认识人类历史的大方向，首要的是把握历史发展中的
经济必然性，因为经济因素是历史发展中的决定性因素。
首先，把握历史发展的经济必然性的前提是掌握生产方式
的概念。生产方式是历史唯物主义的核心范畴，从根本上
制约着社会生活、政治生活和精神生活。马克思恩格斯正
是从生产方式出发来理解、说明和解释历史发展的。一切
社会变迁和政治变革的原因不应在"人们的头脑"中，不
应到"人们对永恒的真理和正义的日益增进的认识"中去
寻找，① 而应在生产方式和交换方式的变更中去寻找，生产
方式的变更推动着社会形态的发展和更替。因此，人类历
史就在生产方式的变革运动中呈现出来。其次，依据生产
力和生产关系的矛盾运动来把握人类历史发展的进程。生
产力和生产关系的矛盾运动表明生产力与生产关系之间存
在内在的、本质的必然联系，这种必然联系体现为生产关
系一定要适合生产力状况的规律。它包括：生产力决定生
产关系的性质和状况，生产关系是否应当变革以及变革的
方向和形式，都取决于生产力的状况；生产关系反作用于
生产力。当生产关系适合生产力的发展状况时，生产关系
对生产力的发展具有促进作用，反之则起阻碍作用。生产

---

① 《马克思恩格斯文集》第 9 卷，北京：人民出版社 2009 年版，第 284 页。

关系一定要适合生产力发展状况的规律是人类历史发展所遵循的基本规律。在人类历史发展进程中，生产力是不断发展变化的，而生产关系是相对稳定的，生产关系要不断进行调整以适合生产力的发展状况，生产关系由适合生产力的发展状况到不适合生产力的发展状况，再到重新适合生产力的发展状况，这一矛盾运动推动着人类社会由低级向高级的发展。由此，人类历史发展便在生产力与生产关系的矛盾运动中得以解释，这就是历史发展中的经济必然性。

经济必然性要通过各种偶然性为自己开辟道路。偶然性通过历史发展中的偶然现象、偶然事件或偶然情况等表现出来，是经济必然性的补充和表现形式。人类历史中存在着大量偶然现象、偶然事件或偶然情况。人类历史"发展的加速和延缓在很大程度上是取决于这些'偶然性'的，其中也包括一开始就站在运动最前面的那些人物的性格这样一种'偶然情况'"。① 偶然性能够直接影响人类历史的发展进程，起到加速或延缓的作用。所以，经济必然性会受到偶然性的制约。经济必然性就蕴含于历史发展的无数偶然性之中，通过偶然性为自身发展开辟道路。

这里我们就来谈谈所谓伟大人物问题。恰巧某个伟大

① 《马克思恩格斯文集》第10卷，北京：人民出版社2009年版，第354页。

人物在一定时间出现于某一国家，这当然纯粹是一种偶然现象。

【论断】伟大人物的出现具有偶然性。

　　按照唯物史观的基本观点，人民群众是人类历史的创造者。人民群众不仅是社会物质财富和精神财富的创造者，而且是社会变革的决定力量。然而，唯物史观在强调人民群众是人类历史创造者的同时，也肯定了伟大人物对人类历史发展的积极作用。伟大人物作为历史活动的引领者，承担了相应的历史任务，对历史发展起到了促进和推动作用。伟大人物来自人类社会的政治、经济、文化等不同领域，通过不同的方式对历史产生了重要影响。例如，恺撒、拿破仑等作为政治、军事领域的伟大人物，通过施展自身的政治活动和军事天赋，强有力地推动了特定时代的历史发展进程。而马克思、黑格尔等思想界的伟大人物，则是以思想力量引领了人类解放的现实历程。值得注意的是，伟大人物对历史发展的贡献和作用，并不会取代人民群众在历史发展中的作用。因为伟大人物从来都是诞生于人民群众，从来都是依靠人民群众的力量来对历史产生积极影响。同时，伟大人物对历史发展产生影响的性质和方向，取决于是否顺应人民群众的利益和诉求，取决于是否顺应历史发展的基本方向。所以，伟大人物的历史作用受制于人民群众作用和人类历史进程。没有人民群众的支持，没有对历史规律的遵循，伟大人物既不会产生，也不能对历史发挥作用。

　　伟大人物对历史进程发挥着重要作用，但是从历史整体的视域看，伟大人物的出现具有偶然性。"至于天才人物是在现在出现，真理正是在现在被认识到，这并不是从历史发展的联系中必然产生的、不可避免的事情，而纯粹是一种侥幸的偶然现象。"① 伟大人物于一定时间出现于一定国家，这是纯粹偶然的事件。首先，伟大人物的出现与自身所处的历史环境紧密相关。伟大人物总是身处于一定的历史环境之中，打上了时代的烙印，只能在历史环境所赋予的条件下对历史发挥作用。而当历史条件发生变化时，某个伟大人物的历史作用就会发生变化，甚至走向消失。其次，伟大人物的出现离不开自身的主观条件。伟大人物之所以能够在历史中发挥作用，与其知识、能力、素养等主观条件是分不开的。例如，马克思、恩格斯之所以能够创立马克思主义，这首先是他们丰厚学识、顽强意志和非凡洞识的结果。再次，伟大人物的出现需要依靠一定的历史机遇。伟大人物之所以能够出现在历史舞台上，更多地仰赖于历史机遇的眷顾。伟大人物往往抓住了历史发展的机遇，进而对历史施加自身的影响。例如，拿破仑正是有效凭借了法国大革命在客观上造成的混乱局面，掌握了法国的国家政权，不仅走到了法国历史的前台，而且对西欧

---

① 《马克思恩格斯文集》第 9 卷，北京：人民出版社 2009 年版，第 21 页。

历史的进程也发挥出独属于他自己的影响力。需要注意的是，伟大人物既无法提前预测，也无法定向培养，从大历史观的视域看，伟大人物的出现是不确定的、偶然的。正是在这个意义上，伟大人物的出现受制于历史环境、主观条件和历史机遇等因素，其产生和发挥作用具有一定的偶然性。

但是，如果我们把这个人去掉，那时就会需要有另外一个人来代替他，并且这个代替者是会出现的，不论好一些或差一些，但是最终总是会出现的。

【论断】伟大人物的出现具有必然性。

伟大人物的出现是历史必然性的结果。马克思援引爱尔维修的话说："每一个社会时代都需要有自己的大人物，如果没有这样的人物，它就要把他们创造出来。"① 每个时代都需要伟大人物，也必然能够产生伟大人物，因为伟大人物不是凭空产生的，伟大人物的出现是社会历史发展的必然结果。历史发展到一定阶段，就会产生相应的历史任务，就需要伟大人物来完成历史任务。伟大人物只有适应时代发展的需要，承担历史所赋予的任务，才能够对历史发展发挥重大的、积极的作用。所以伟大人物的出现是必然的，只是在哪一时间段、在哪个国家、在什么条件下出

---

① 《马克思恩格斯文集》第 2 卷，北京：人民出版社 2009 年版，第 137 页。

现是偶然的。可以说，伟大人物的出现是必然事件，但是伟大人物是谁、由谁来承担伟大人物的角色，则是不确定的。正是在这个意义上，恩格斯才会做出合理的假设，即某个伟大人物的角色可能被其他人所代替。无论这些代替者相比现实的伟大人物是"好一些"还是"差一些"，最终都是会出现的，都会完成历史所赋予的任务。

伟大人物的出现需要放在人类历史进程中来认识。人类历史发展所产生的历史任务是一种必然性，但是承担这一历史任务的伟大人物则表现为一种偶然性。所以，唯物史观要求人们在认识伟大人物的过程中，要透过伟大人物的偶然性把握住历史任务的必然性，透过伟大人物的个人性把握住历史趋势的稳定性。毫无疑问，伟大人物对历史发展具有重要作用，能够加速或延缓历史发展的进程，但是无论伟大人物怎样发挥作用，都无法改变历史发展的总趋势。因此，对待伟大人物要坚持辩证的观点，既不能因其重要的历史作用而陷入迷信和崇拜，从而忽视历史发展的必然性，也不能忽视伟大人物的历史作用和贡献，从而忽视历史发展的偶然性。

历史上所有其它的偶然现象和表面的偶然现象都是如此。

【论断】偶然现象背后隐藏着必然性。

在恩格斯看来，历史发展过程中所有偶然现象的背后都隐藏着必然性。必然性和偶然性是辩证统一的，二者相互依存、相互作用。

一方面，必然性存在于偶然性之中，并通过偶然性表现出来，从而使历史发展的进程更加生动而丰富。历史发展并不是一条直线，而是波浪式的曲折发展过程。正如封建社会向资本主义社会转变、资本主义社会向社会主义社会转变的过程中，传统社会的政权即使被推翻，也有可能再次复辟，但是所有复辟都无法阻挡新的社会形态取代旧的社会形态的必然趋势。所以历史的必然性蕴含在偶然性之中，通过偶然性为自身发展开辟道路。

另一方面，偶然性背后隐藏着必然性。在历史发展的过程中，无以繁复的事件、层出不穷的人物和错综复杂的关系，构成了历史的大量偶然性。也正是充满了无以计数的偶然性因素，才使得历史既扑朔迷离，又精彩纷呈。然而，由众多偶然性因素组成的历史整体，也像偶然性那样处于生成变动的不确定状况吗？答案是否定的。在偶然性的背后，"如果要去探究那些隐藏在——自觉地或不自觉地，而且往往是不自觉地——历史人物的动机背后并且构成历史的真正的最后动力的动力，那么问题涉及的，与其说是个别人物，即使是非常杰出的人物的动机，不如说是使广大群众、使整个整个的民族，并且在每一民族中间又是使整个整个阶级行动起来的动机；而且也不是短暂的爆发和转瞬即逝的火光，而是持久的、引起重大历史变迁的行动"。① 偶然性的背后埋藏着历史过程的客观规律，隐藏着历史发展的必然法则。正是因为偶然性与必然性辩证地结合在一起，所以人类历史的整体发展才不是一团乱麻，而是呈现出具有稳定联系、具备必然趋势的客观过程。

　　我们所研究的领域越是远离经济，越是接近于纯粹抽象的意识形态，我们就越是发现它在自己的发展中表现为偶然现象，它的曲线就越是曲折。

　　【论断】远离经济领域，接近纯粹抽象的意识形态领域的历史现象，更多地表现为偶然现象。

　　在这句话中，恩格斯用"曲线"指代历史发展所呈现出来的偶然性。"曲线"是动点运动时方向连续变化所形成的线，根据"曲线"运动变化的轨迹，能够直观地观察和感受到动点运动的趋势。恩格斯借用"曲线"之喻来说明历史发展过程中意识形态现象的变化多端与变动不居的特征。历史发展是必然性与偶然性的辩证统一，从历史的整体来看，历史发展由历史的必然性因素所支配，但是从历史的过程来看，人们感受最多的却是历史中无以计数的偶然性因素。在这些偶然性因素中，最突出的便是意识形态的领域。

　　与经济现象等必然性色彩体现较为突出的领域相比，

---

① 《马克思恩格斯文集》第 4 卷，北京：人民出版社 2009 年版，第 304 页。

意识形态现象充满了回环反复与光怪陆离的因素，也充满了交锋交融与曲折动荡的特征，因此意识形态现象是偶然性得以体现得比较充分的领域。与经济现象不同的是，意识形态现象主要以人们的主观意识为基本构成，而主观意识是人类世界中最多元、最多样、随机性最强、自由性最充分的领域。意识形态的领域蕴含着人们对人事、对社会、对自然的看法、观点和愿望，人们可以进行多种形式的情感共鸣、认同体验、心灵对话和批判思考，使得人们的意识世界和精神世界发生难以预测的改变。从表层的感官愉悦、心情放松到深层的心灵震撼、醍醐灌顶，意识形态以精神内容唤起人们自身的意识波动，从而使人们体验到各种各样、异质性的意义世界。正是在这种意义世界中，很难发现像经济现象所体现出来的稳定而恒久的客观规律，相反，像马克思所指出的"艺术发展同社会发展不成比例"、艺术发达与社会落后相并存等现象倒是常态。上述这些事例都说明，越是远离经济领域的意识形态现象，就越是容易表现出曲折变化，甚至是难以言传的偶然性特征。

当然，意识形态现象远离经济领域从而表现出偶然性，绝不意味着意识形态与经济领域没有联系。在问题的实质上，意识形态无非是经济领域等社会存在的意识反射，是人们所意识到的社会存在而已。在这一方面，旧唯物主义没有克服唯心主义的弊病，从而陷入了唯心主义的窠臼。恩格斯指出："从头脑中构造出这些结果，把它们作为基础并从它们出发，进而在头脑中用它们来重新构造出世界——这就是意识形态，迄今为止所有的唯物主义也都陷入过这种意识形态，因为它们对于自然界方面的思维和存在的关系无疑在一定程度上是清楚的，而对于历史方面的二者关系是不清楚的，它们不理解任何思维对历史的物质条件的依赖性。"① 在恩格斯看来，一切旧唯物主义在历史方面对于社会存在与社会意识的关系是模糊不清的，看不到社会存在对社会意识的决定性作用。固然，人们容易感受到意识形态的影响，往往看不到历史发展背后的经济基础，即意识形态是"更高的即更远离物质经济基础的"，② 因此人们研究历史时越接近意识形态，就越容易只关注意识形态的各种形式之间的相互作用，以及它与政治的相互作用，而往往不容易看到经济因素的决定作用，从而表现出"远离经济基础"的特点，这是促使人们产生意识形态自足性观点的重要原因。

如果您画出曲线的中轴线，您就会发现，所考察的时期越长，所考察的范围越广，这个轴线就越是接近经济发展的轴线，就越是同后者平行而进。

【论断】历史现象的中轴线画得越长越广，就越是平行

---

① 《马克思恩格斯文集》第 9 卷，北京：人民出版社 2009 年版，第 345 页。
② 《马克思恩格斯文集》第 4 卷，北京：人民出版社 2009 年版，第 308 页。

于经济发展的轴线。

恩格斯在此提出的"中轴线"原理，生动地揭示了经济因素对历史发展的重要作用。中轴线是轴对称曲线的中心线，轴对称的曲线能够以中心线为中轴对称并且重合，中心线在曲线中处于关键位置。在恩格斯看来，人们考察历史发展的时期越长、范围越广，就能发现历史发展的中轴线与经济发展的中轴线越来越接近，最终二者会平行而进。因此，人们透过中轴线原理就能把握历史偶然现象背后的客观规律，进而发现历史过程的最终走向。

在恩格斯看来，一方面人们只有对历史发展进行较长时间、较大范围的考察，才能透过历史偶然现象把握历史发展的必然趋势。人们对历史研究越深入、越广泛，就越能透过历史上的偶然现象掌握历史发展的一般趋势。正如马克思所指出的，在社会历史领域内进行活动的是有目的、有意识的人，他们在历史活动中都带有各自的意图和目的，但是"不管这个差别对历史研究，尤其是对各个时代和各个事变的历史研究如何重要，它丝毫不能改变这样一个事实：历史进程是受内在的一般规律支配的"，① 所以关键问题在于找到这个一般规律。只有找到这个一般规律，才能把握人类历史的本质所在及其趋向。

另一方面，恩格斯认为需要借助经济发展的中轴线来

---

① 《马克思恩格斯文集》第 4 卷，北京：人民出版社 2009 年版，第 302 页。

说明历史发展的方向和总趋势。经济发展的中轴线是相对于经济发展的曲线而言的。经济发展的曲线是指变化无常的经济现象，这些经济现象往往会在一定时期内表现出随机变化的特征，但是如果划定比较长时期的考察时段，就会发现在众多经济现象的背后隐藏着支配经济现象的一般规律，这个一般规律就是经济发展的中轴线。中轴线清晰稳定、方向恒定、易于把握，以中轴线为依据，就能比较好地把握经济发展乃至历史发展中的规律性问题。在这里，我们以唯物史观的经典表述为例来说明中轴线原理。唯物史观"从直接生活的物质生产出发阐述现实的生产过程，把同这种生产方式相联系的、它所产生的交往形式即各个不同阶段上的市民社会理解为整个历史的基础，从市民社会作为国家的活动描述市民社会，同时从市民社会出发阐明意识的所有各种不同的理论产物和形式，如宗教、哲学、道德等等，而且追溯它们产生的过程"。① 不难看出，唯物史观不仅关注历史上的偶然现象，而且更加重要的是要从偶然现象中揭示被繁芜丛杂的意识形态所掩盖的一个简单事实，那就是"人们首先必须吃、喝、住、穿，然后才能从事政治、科学、艺术、宗教等等；所以，直接的物质的生活资料的生产，从而一个民族或一个时代的一定的经济发展阶段，便构成基础，人们的国家设施、法的观点、艺

---

① 《马克思恩格斯文集》第 1 卷，北京：人民出版社 2009 年版，第 544 页。

术以至宗教观念，就是从这个基础上发展起来的，因而，也必须由这个基础来解释，而不是像过去那样做得相反"。①也就是说，经济基础决定上层建筑，有什么样的经济基础就要求有什么样的上层建筑与之相适应，这一点就构成历史发展的中轴线。依据这一点，马克思恩格斯发现了人类历史发展的一般规律，揭示了人类历史必然向前发展的客观趋势。

恩格斯致韦尔纳·桑巴特

1895 年 3 月 11 日于伦敦

马克思的整个世界观不是教义，而是方法。它提供的不是现成的教条，而是进一步研究的出发点和供这种研究使用的方法。

【论断】马克思主义不是教条，而是进一步研究的出发点和供这种研究使用的方法。

桑巴特写了《卡尔·马克思经济学体系批判》一文，将其寄给了恩格斯。恩格斯写了回信，在回信中针对桑巴特对马克思观点的表述发表了自己的看法，其中就有对

① 《马克思恩格斯文集》第 3 卷，北京：人民出版社 2009 年版，第 601 页。

"马克思主义不是教条，而是方法"的观点。考察恩格斯的相关论述，恩格斯曾多次强调马克思主义不是教条，多次批评那些自称为"马克思主义者"的教条主义倾向。例如恩格斯在指导美国工人运动时强调"我们的理论是发展着的理论，而不是必须背得烂熟并机械地加以重复的教条"，①"我们的理论不是教条，而是对包含着一连串互相衔接的阶段的发展过程的阐明"。② 恩格斯在这封回信中谈到韦尔纳·桑巴特对价值概念的转述时再次强调，"马克思的整个世界观不是教义，而是方法。它提供的不是现成的教条，而是进一步研究的出发点和供这种研究使用的方法"。③ 恩格斯批判德国"青年派"用教条主义的态度去对待马克思主义，他在给左尔格的信中指出："德国人一点不懂得把他们的理论变成推动美国群众的杠杆；他们大部分连自己也不懂得这种理论，而用学理主义和教条主义的态度去对待它，认为只要把它背得烂熟，就足以满足一切需要。对他们来说，这是教条，而不是行动的指南。"④ 由上述所引能够看出，恩格斯向来将马克思学说的精髓界定为方法，而绝不是可以无条件套用在任何一种事例上的既成教条，这是恩格斯对马克思主义进行坚持和发展的极为重要的方面。

①　《马克思恩格斯文集》第 10 卷，北京：人民出版社 2009 年版，第 562 页。
②　《马克思恩格斯文集》第 10 卷，北京：人民出版社 2009 年版，第 560 页。
③　《马克思恩格斯文集》第 10 卷，北京：人民出版社 2009 年版，第 691 页。
④　《马克思恩格斯文集》第 10 卷，北京：人民出版社 2009 年版，第 557 页。

　　需要注意的是，马克思恩格斯不仅坚决反对把他们的理论教条化，而且坚决反对把任何理论教条化。正如马克思自己所言："我不主张我们树起任何教条主义的旗帜，而是相反。我们应当设法帮助教条主义者认清他们自己的原理。"① 为此，马克思坚决批判蒲鲁东的"永恒原理"、杜林的"终极真理"。在他看来，永恒原理是不存在的，任何原理都是一定历史时期的社会关系的产物，随着社会关系的变化，人们对社会认识的原理也会变化。秉承着马克思对待理论的真实精神，恩格斯反复指明马克思主义不是教条，强调决不能用教条主义的态度去对待马克思主义。

　　在此基础上，恩格斯指出马克思主义是进一步研究的出发点和供这种研究使用的方法。作为理论研究所使用的方法，马克思主义从本性上最排斥那种脱离具体事物的所谓普遍原理，并认为这是对马克思主义方法的最大侮辱，所以当马克思看到有人把他关于西欧资本主义起源的特殊性概述变成普遍性历史哲学时，他生气地指出："这样做，会给我过多的荣誉，同时也会给我过多的侮辱"，并严厉地批评："这种历史哲学理论的最大长处就在于它是超历史的。"② 至于马克思为什么强烈地反对把自己理论变成普遍适用的教条，这其中除了方法本身所具有的那些要求之外，

① 《马克思恩格斯文集》第 10 卷，北京：人民出版社 2009 年版，第 7 页。
② 《马克思恩格斯文集》第 3 卷，北京：人民出版社 2009 年版，第 466 页。

还应当联系马克思主义的根本主题去理解。马克思恩格斯将自己理论的根本主题定位于"改变世界"这一实践的任务，而实践与理论的重要差别在于：理论必须要保证自身的逻辑自洽和完整严密，这要求理论服从单一的逻辑视角；实践则是众多异质性因素在同一时空内的复合出场，这要求实践必须具备多个异质性的逻辑视角。马克思主义是"改变世界"的实践化理论，这就决定了马克思主义的面向实践的开放性，决定了马克思主义应当在各种极不相同的历史性情境中具体地把握事物——用通俗的话说就是"具体问题具体分析"，这一做法既体现为方法，更由此形成了马克思主义的实践化形态。正是在方法对应于实践化形态的意义上，马克思主义不仅以理论和实践关系的分析系统地展示了方法的典型意义，使得方法的体现更为丰富和深刻，而且恰恰通过符合方法之本性的体现，马克思主义将自身展示为一种面向真实生活世界的实践化理论。